2500
Meter,
oder wie weit stinkt
ein Stinktier?

In Erinnerung an Jana

Aus dem Englischen übersetzt von Jana Raasch. Titel der Originalausgabe
Picture this – Animal kingdom erschienen bei Kingfisher unter der ISBN 978-0-7534-3502-1
© Macmillans Children's Books 2013, London.

Text von Margaret Hynes. Illustrationen von Andy Crisp, Layout Jack Clucas.
Konzeption und Entwicklung von Simon Holland.

Umschlaggestaltung von Weiß-Freiburg GmbH Graphik & Buchgestaltung
unter Verwendung diverser Illustrationenen von Andy Crisp.
Satz: DOPPELPUNKT, Stuttgart.

In dieser Reihe ebenfalls erschienen: 9 Autos, oder was deine Knochen tragen können –
Erstaunliche Fakten: Mensch – ISBN 978-3-440-13594-5

Unser gesamtes lieferbares Programm und viele
weitere Informationen zu unseren Büchern,
Spielen, Experimentierkästen, DVDs, Autoren und
Aktivitäten findest du unter **kosmos.de**

Für die deutschsprachige Ausgabe:
© 2014 Franckh-Kosmos Verlags-GmbH & Co. KG, Stuttgart.
Alle Rechte vorbehalten
ISBN 978-3-440-13595-2
Redaktion: Teresa Baethmann
Produktion: Verena Schmynec
Printed in China / Imprimé en Chine

2500
Meter,
oder wie weit stinkt
ein Stinktier?

KOSMOS

Inhalt

6 Wiegen und Messen

8 Das Reich der Tiere

10 Säugetiere

12 Ein Säugetiertag

14 Vögel – mehr als Flugkünstler

16 Kriechtiere

18 Frösche und Lurche

20 Fische

22 Fürs Schwimmen gemacht

24 Leben in der Tiefe

26 Wirbellose Tiere

28 Die Tricks der Wirbellosen

30 Winzige Wesen

32 Tierische Rekordmeister

34 Die Sinne der Tiere

36 Die Sprache der Tiere

38 Die Waffen der Jäger

40 Trickreiche Verteidigung

42 Tierische Verbrecher

44 Balzverhalten

46 Tierkindergarten

48 Wie alt werden Tiere?

50 Wohnen und Bauen

52 Tiere auf Reisen

54 Evolution und Anpassung

56 Ausrottung und Artenschutz

58 Auf einen Blick

60 Gut zu wissen

62 Register

Wiegen und Messen

Dieses Buch ist voller Bilder, die Zahlen oder Fakten zeigen, die mit der Welt der Tiere zu tun haben. Alle Einheiten sind im sogenannten metrischen System angegeben, dieses beschreibt die Länge in Metern, das Volumen in Litern und das Gewicht in Kilogramm. In manchen Ländern wie England oder Amerika benutzt man die Begriffe Fuß, Pints oder Pfund, und damit das sogenannte imperiale System.

Geschwindigkeit

Km/h ist ein Maß für die Geschwindigkeit und gibt die Anzahl an Kilometern an, die in einer Stunde zurückgelegt werden. Der Tacho zeigt dir, wie man km/h mit Meilen je Stunde (mph) vergleichen kann.

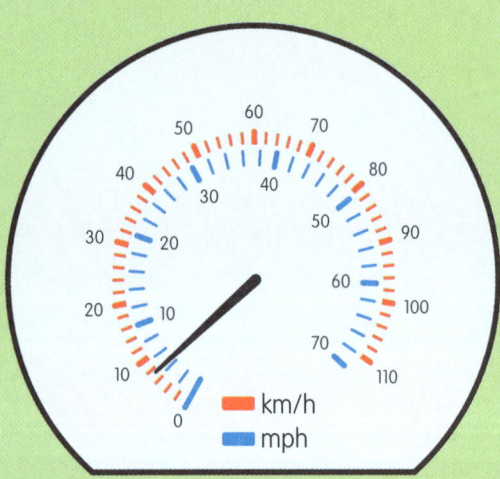

Volumen

In einen Liter passen 1.000 Milliliter (ml). Dies entspricht etwa 35 flüssigen Unzen (35 fl oz) oder etwas mehr als zwei amerikanischen Pints (pt).

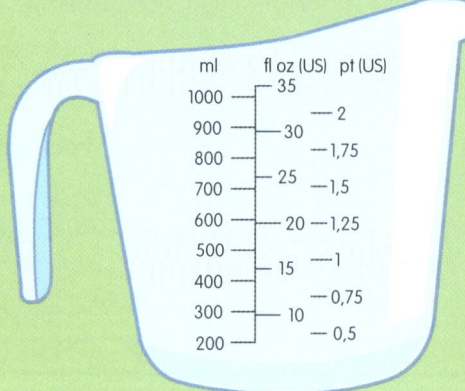

Entfernung

AUTOBAHN 50

Neustadt 1 km (0,6 Meilen)
Altdorf 10 km (6 Meilen)

Länge

Ein Zentimeter (1 cm) entspricht 10 Millimetern (10 mm) und ein Meter (1 m) 100 Zentimetern. 1.000 Meter ergeben einen Kilometer (1 km). Dieses Lineal zeigt dir Zentimeter (cm) und Inches (in) im Vergleich.

Gewicht

Eintausend Gramm (1.000 g) sind ein Kilogramm (1 kg) oder 2,204 Pfund (2,204 lb). Eintausend Kilogramm (1.000 kg) sind eine Tonne (1 t).

Temperatur

Büroklammer

Kleinwagen

Kokosnuss

| 1 g
(0,035 oz) | 1 kg
(2,204 lb) | 1 metrische Tonne
(1,1023113 imperiale Tonne) |

Celsius (metrisch)   Fahrenheit (imperial)

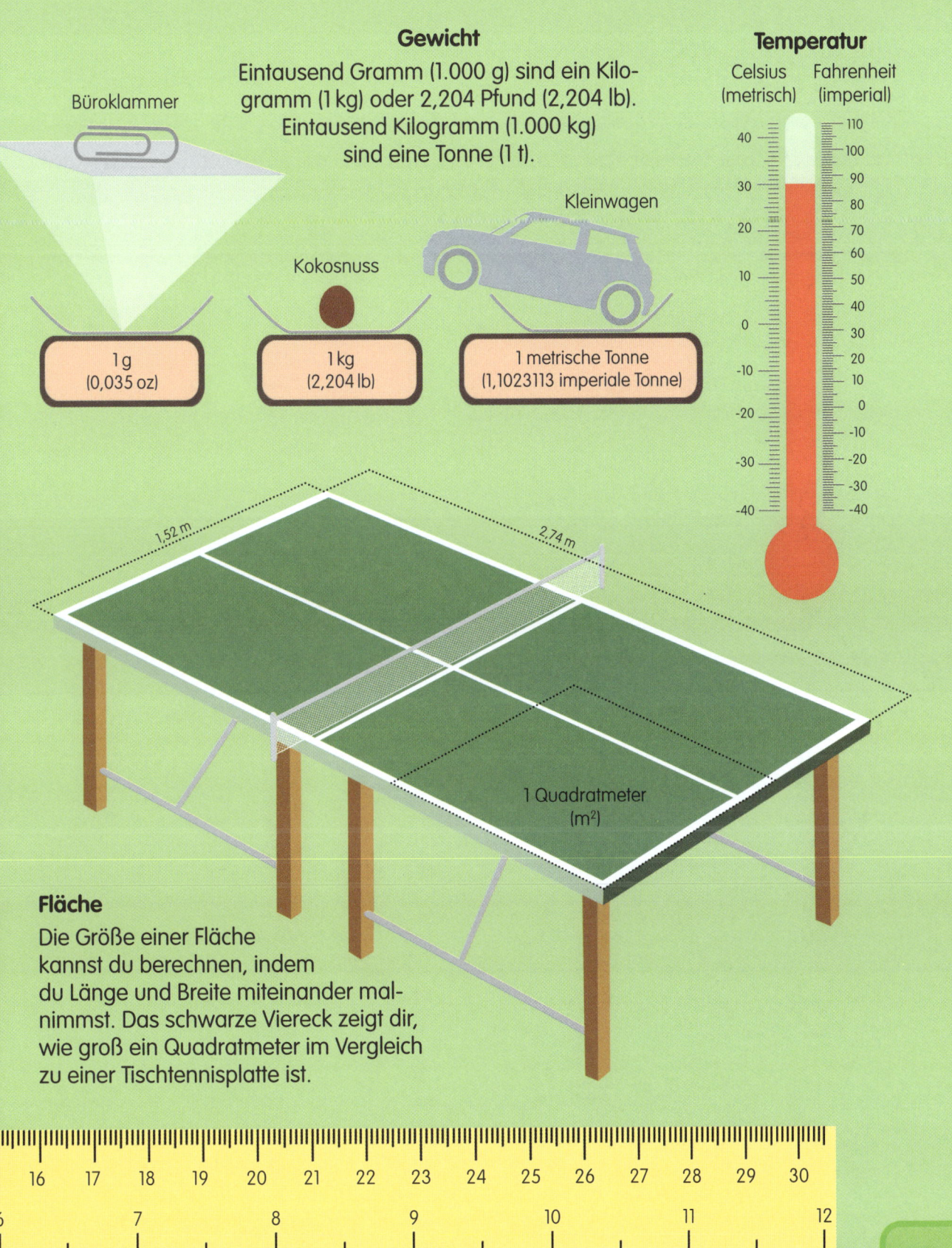

1,52 m

2,74 m

1 Quadratmeter (m²)

Fläche

Die Größe einer Fläche kannst du berechnen, indem du Länge und Breite miteinander malnimmst. Das schwarze Viereck zeigt dir, wie groß ein Quadratmeter im Vergleich zu einer Tischtennisplatte ist.

Das Reich der Tiere

Wenn eine neue Tierart entdeckt wird, bekommt sie einen wissenschaftlichen Namen, wie z. B. Canis lupus für den Wolf. Dazu gehört eine Beschreibung, in der steht, wodurch sich die neu entdeckte Art von anderen unterscheidet, aber auch, wie sie mit ihnen verwandt ist. Aufgrund gemeinsamer Merkmale werden die Arten in Kategorien zusammengefasst. Alle Tiere, die ähnliche Merkmale wie Hunde haben, zählt man z. B. zur Familie der Hundeartigen.

Verzeichnis aller Tiere

Kategorie	Anzahl der Gruppen
Tierreich	1
Stämme	32
Klassen	90
Ordnungen	493
Familien	5.404
Gattungen	94.240
Arten	1.233.500

Einordnung des Wolfes (Canis lupus)

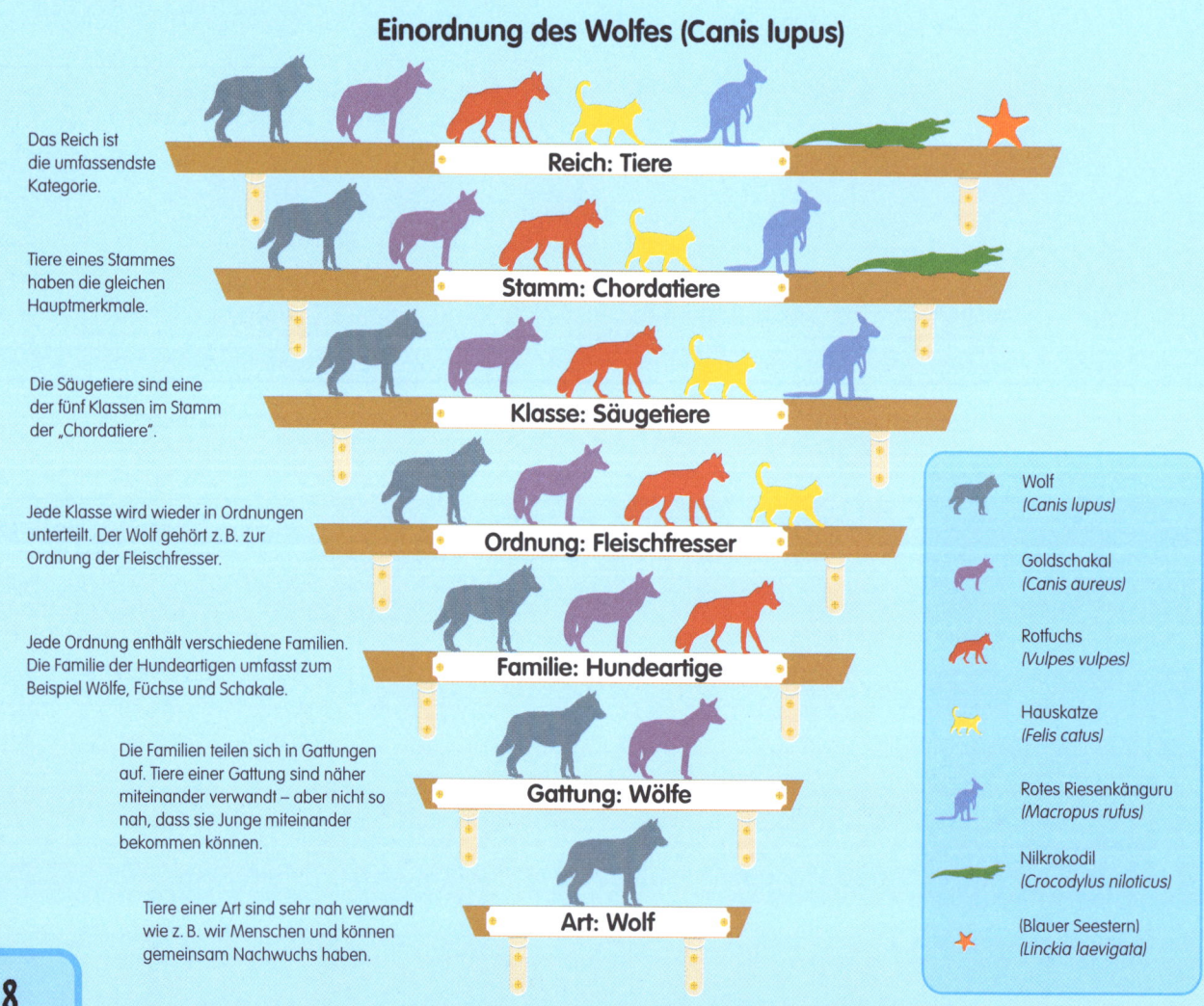

Das Reich ist die umfassendste Kategorie.

Reich: Tiere

Tiere eines Stammes haben die gleichen Hauptmerkmale.

Stamm: Chordatiere

Die Säugetiere sind eine der fünf Klassen im Stamm der „Chordatiere".

Klasse: Säugetiere

Jede Klasse wird wieder in Ordnungen unterteilt. Der Wolf gehört z. B. zur Ordnung der Fleischfresser.

Ordnung: Fleischfresser

Jede Ordnung enthält verschiedene Familien. Die Familie der Hundeartigen umfasst zum Beispiel Wölfe, Füchse und Schakale.

Familie: Hundeartige

Die Familien teilen sich in Gattungen auf. Tiere einer Gattung sind näher miteinander verwandt – aber nicht so nah, dass sie Junge miteinander bekommen können.

Gattung: Wölfe

Tiere einer Art sind sehr nah verwandt wie z. B. wir Menschen und können gemeinsam Nachwuchs haben.

Art: Wolf

Wolf
(Canis lupus)

Goldschakal
(Canis aureus)

Rotfuchs
(Vulpes vulpes)

Hauskatze
(Felis catus)

Rotes Riesenkänguru
(Macropus rufus)

Nilkrokodil
(Crocodylus niloticus)

(Blauer Seestern)
(Linckia laevigata)

Entdeckt und einsortiert

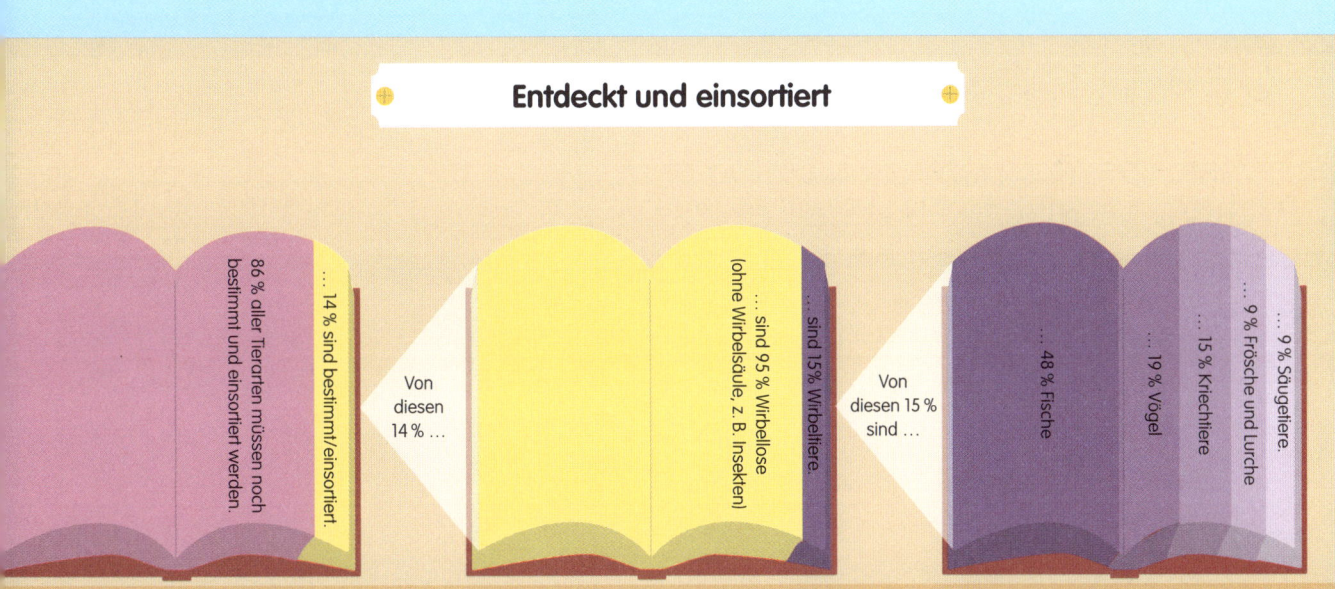

86 % aller Tierarten müssen noch bestimmt und einsortiert werden.

... 14 % sind bestimmt/einsortiert.

Von diesen 14 % ...

... sind 95 % Wirbellose (ohne Wirbelsäule, z. B. Insekten)

... sind 15% Wirbeltiere.

Von diesen 15 % sind ...

... 48 % Fische

... 19 % Vögel

... 15 % Kriechtiere

... 9 % Frösche und Lurche

... 9 % Säugetiere.

Verzeichnis aller landlebenden Tiere

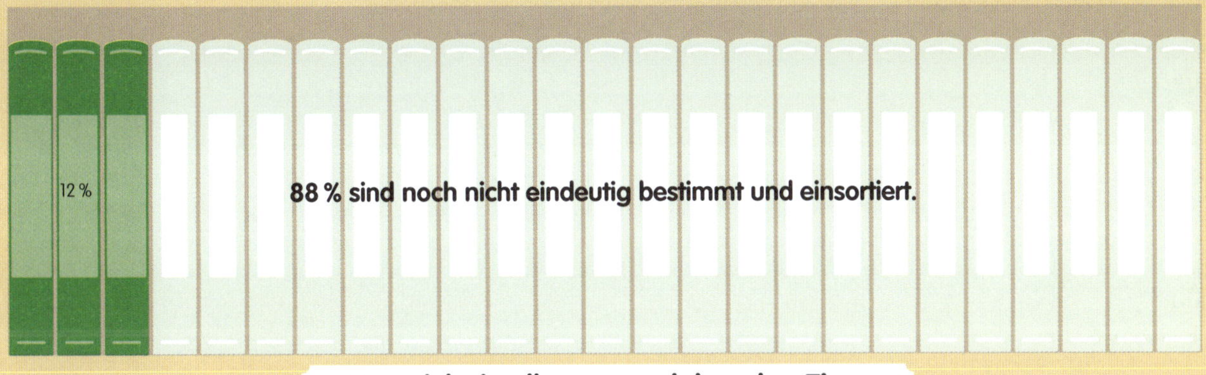

12 %

88 % sind noch nicht eindeutig bestimmt und einsortiert.

Verzeichnis aller wasserlebenden Tiere

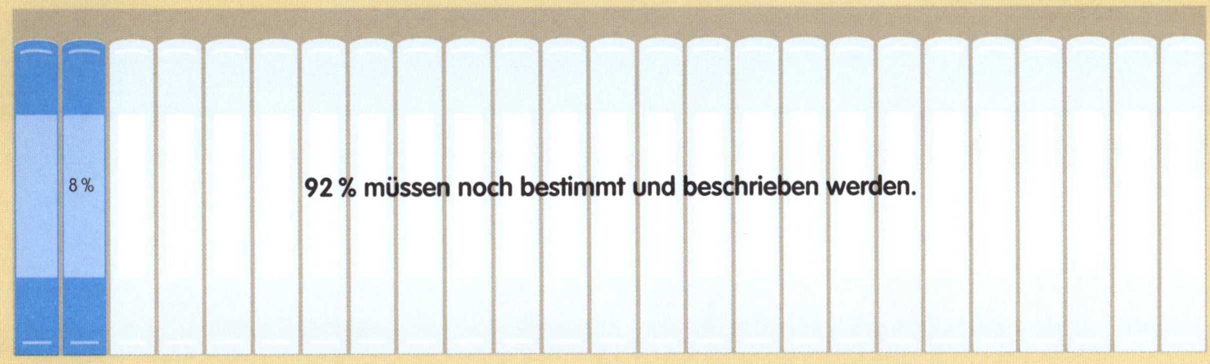

8 %

92 % müssen noch bestimmt und beschrieben werden.

Säugetiere

Alle Säugetiere haben überall Fell oder Haare an einigen Stellen des Körpers und sind „gleichwarm", das heißt, ihre Körpertemperatur ist immer gleich. Obwohl manche Säugetiere sogar Eier legen, bekommen die meisten lebenden Nachwuchs. Bei einigen werden die Babys sehr früh geboren und sitzen dann noch eine ganze Zeit im Beutel. Alle säugen ihre Jungen aber mit Milch.

Die Top 6 der Säugetiere

Ordnungen (6 von 27)		Zahl der Arten
	Nagetiere (Mäuse, Ratten, Hamster, Meerschweinchen, Biber und andere)	2.225
	Fledertiere (Fledermäuse und Flughunde)	1.150
	Insektenfresser (Spitzmäuse, Mulle, Igel, Maulwürfe)	607
	Affen (Lemuren, Affen, Menschenaffen, Menschen)	414
	Wale (Wale und Delfine)	330
	Raubtiere (Hundeartige, Katzenartige, manche Bären, Robben und ihre Verwandten)	285
	Bekannte Arten innerhalb der Top 6	5.011
	Anzahl aller Säugetierarten	5.488

Eierlegende Säugetiere

Der Langschnabeligel legt ein Ei, das etwas kleinere Schnabeltier etwa drei!

aus Australien

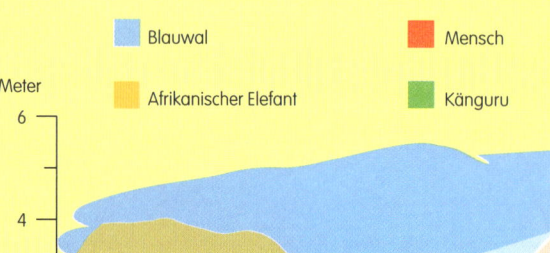

aus Australien und Neuguinea

Formen und Größen

Säugetiere gibt es in nahezu jeder Form und Größe: von einer 4 cm kleinen Fledermaus bis zum 33 m langen Blauwal.

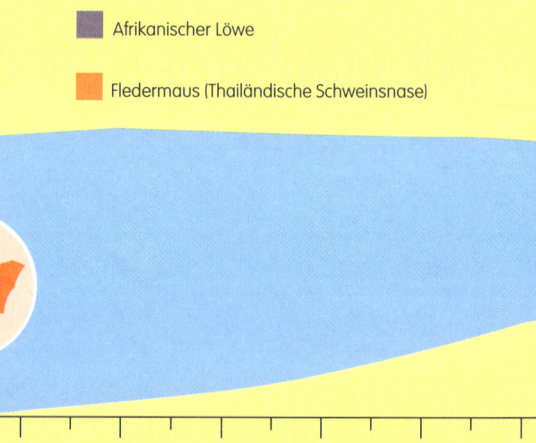

- ■ Blauwal
- ■ Afrikanischer Elefant
- ■ Mensch
- ■ Känguru
- ■ Afrikanischer Löwe
- ■ Fledermaus (Thailändische Schweinsnase)

Meter

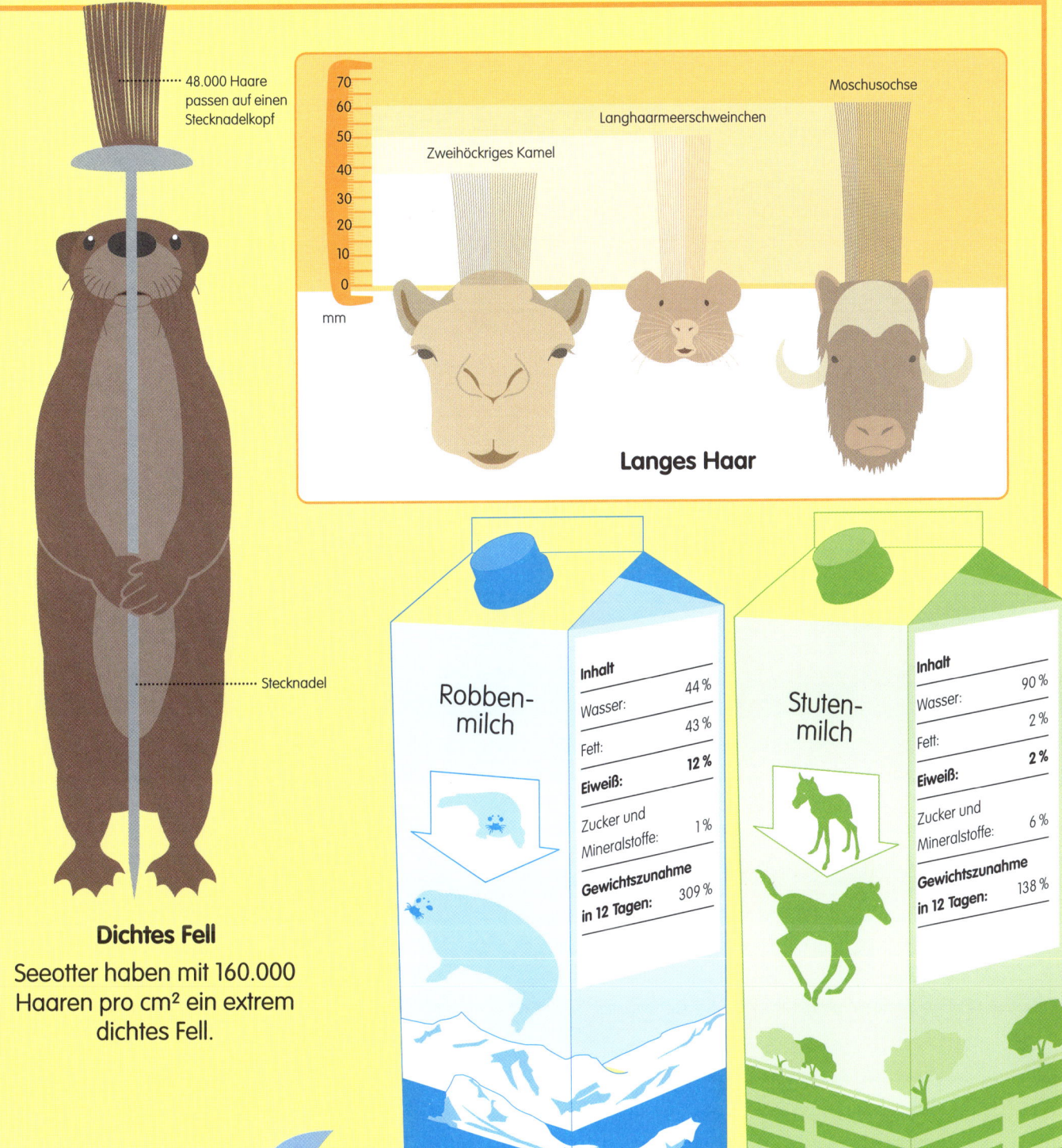

48.000 Haare passen auf einen Stecknadelkopf

Langes Haar

Zweihöckriges Kamel

Langhaarmeerschweinchen

Moschusochse

70
60
50
40
30
20
10
0
mm

Stecknadel

Dichtes Fell

Seeotter haben mit 160.000 Haaren pro cm² ein extrem dichtes Fell.

Robben-milch

Inhalt	
Wasser:	44 %
Fett:	43 %
Eiweiß:	**12 %**
Zucker und Mineralstoffe:	1 %
Gewichtszunahme in 12 Tagen:	309 %

Stuten-milch

Inhalt	
Wasser:	90 %
Fett:	2 %
Eiweiß:	**2 %**
Zucker und Mineralstoffe:	6 %
Gewichtszunahme in 12 Tagen:	138 %

Muttermilch

Je mehr Eiweiß die Muttermilch enthält, desto schneller legen die Jungen ein Fettpolster an.

24 26 28 30 32 34 Meter

Ein Säugetiertag

Wie ein Säugetier seinen Tag verbringt, hängt vor allem von seiner Nahrung ab. Manche bewegen sich sehr viel und brauchen eine Menge Energie. Die meiste Zeit des Tages verbringen diese Säuger mit der Suche nach Nahrung. Die Fleischfresser und Faulpelze unter ihnen legen jeden Tag lange Ruhepausen ein. Um bei Kälte und in Zeiten knapper Nahrung Energie zu sparen, halten einige Säuger Winterruhe oder Winterschlaf. Dabei verlangsamen sich der Herzschlag und die Atmung, die Tiere nehmen teilweise monatelang kein Futter zu sich.

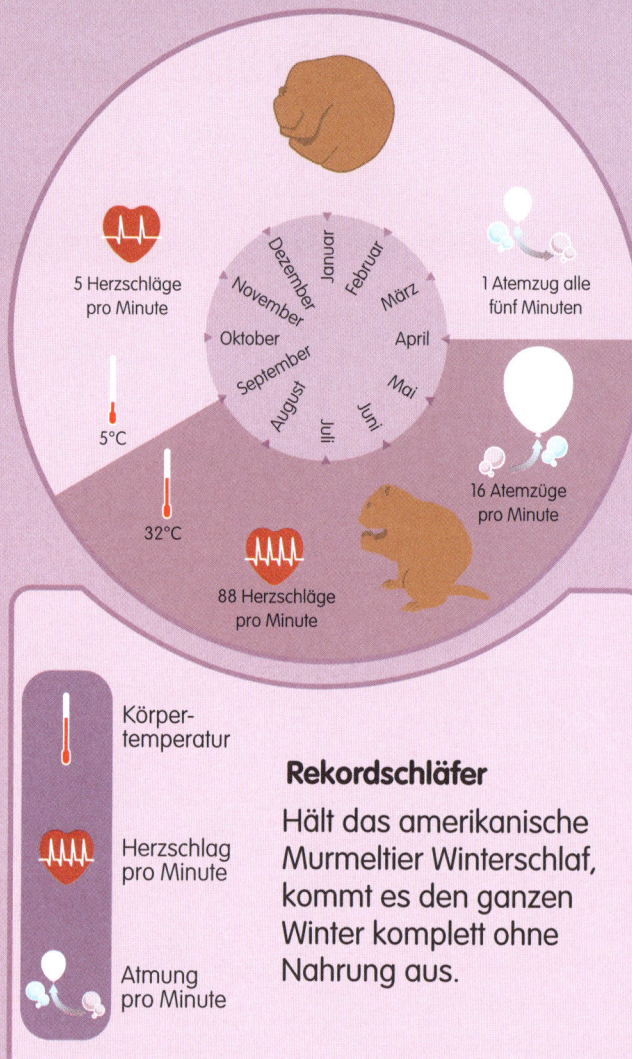

5 Herzschläge pro Minute

1 Atemzug alle fünf Minuten

5°C

32°C

16 Atemzüge pro Minute

88 Herzschläge pro Minute

Körpertemperatur

Herzschlag pro Minute

Atmung pro Minute

Rekordschläfer

Hält das amerikanische Murmeltier Winterschlaf, kommt es den ganzen Winter komplett ohne Nahrung aus.

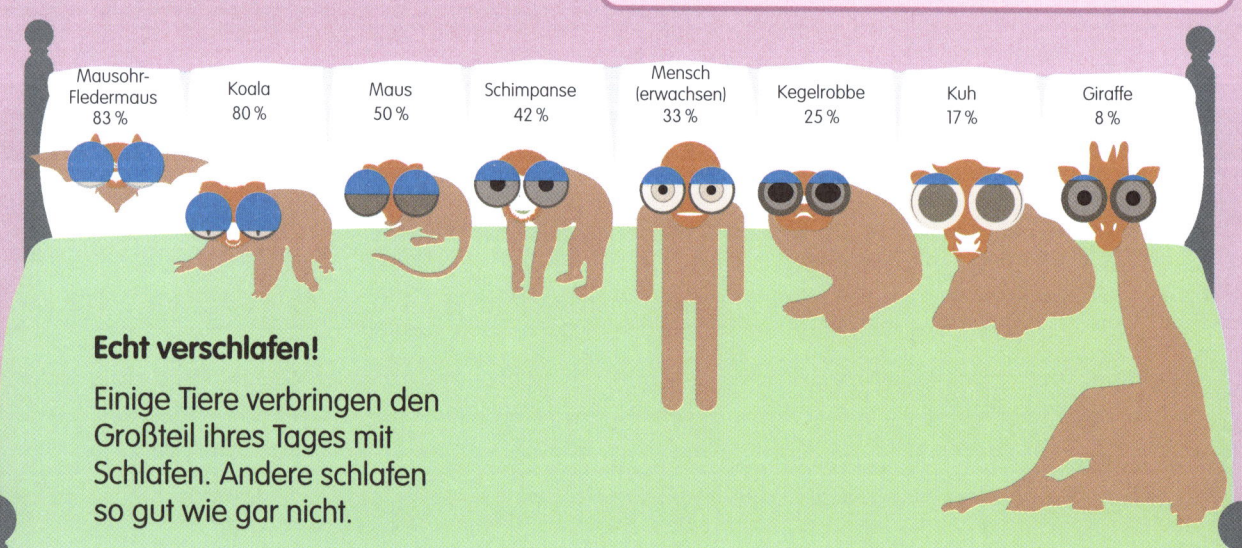

| Mausohr-Fledermaus 83 % | Koala 80 % | Maus 50 % | Schimpanse 42 % | Mensch (erwachsen) 33 % | Kegelrobbe 25 % | Kuh 17 % | Giraffe 8 % |

Echt verschlafen!

Einige Tiere verbringen den Großteil ihres Tages mit Schlafen. Andere schlafen so gut wie gar nicht.

Tägliche Futtermenge und Ausscheidung

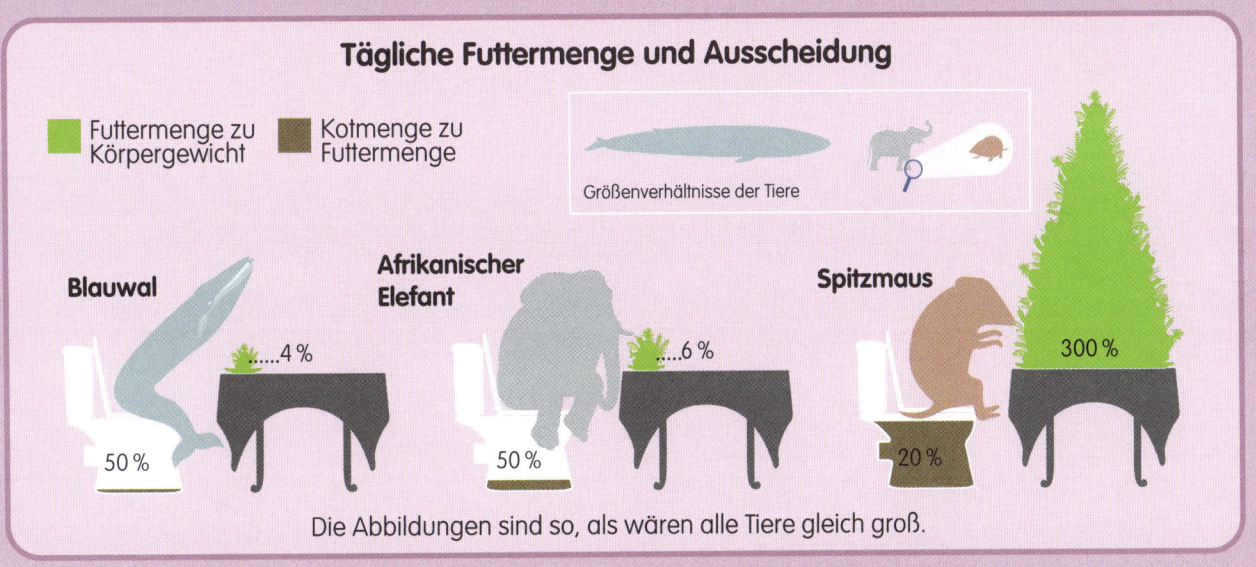

Futtermenge zu Körpergewicht
Kotmenge zu Futtermenge

Größenverhältnisse der Tiere

Blauwal
...4 %
50 %

Afrikanischer Elefant
...6 %
50 %

Spitzmaus
300 %
20 %

Die Abbildungen sind so, als wären alle Tiere gleich groß.

Pups-Power

Würde man aus den Pups-Gasen mancher Tiere Strom erzeugen, könnte man eine Glühbirne ganz schön lange zum Leuchten bringen.

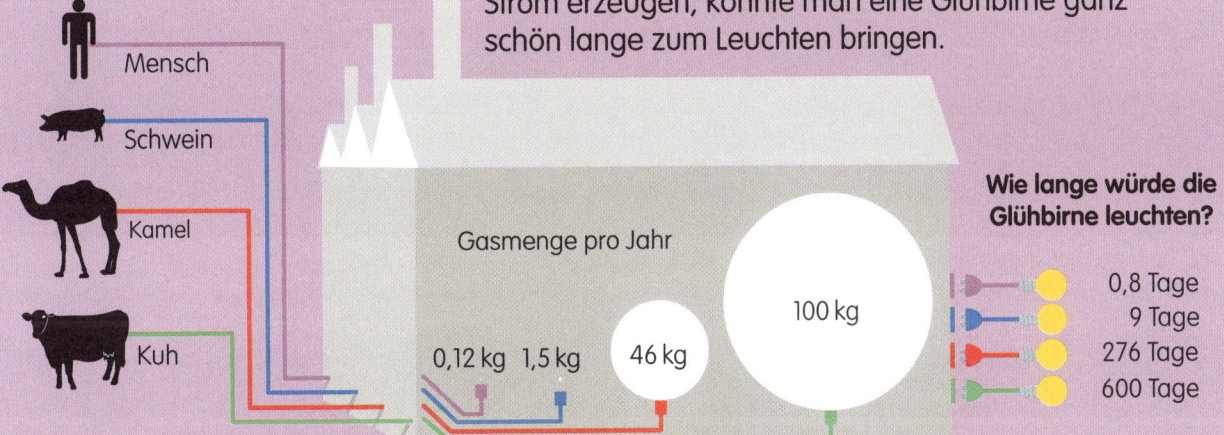

Mensch
Schwein
Kamel
Kuh

Gasmenge pro Jahr

0,12 kg   1,5 kg   46 kg   100 kg

Wie lange würde die Glühbirne leuchten?

0,8 Tage
9 Tage
276 Tage
600 Tage

Aus dem Tagebuch eines Löwen

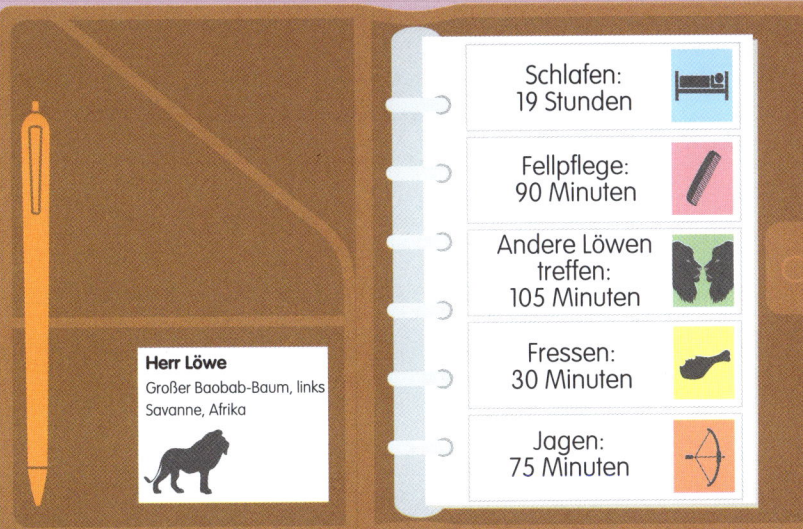

Schlafen: 19 Stunden

Fellpflege: 90 Minuten

Andere Löwen treffen: 105 Minuten

Fressen: 30 Minuten

Jagen: 75 Minuten

Herr Löwe
Großer Baobab-Baum, links
Savanne, Afrika

Sind sie auf der Jagd, holen Löwen alles aus sich heraus, was sie können. Den Rest des Tages verbringen sie dafür dösend und völlig entspannt.

Vögel – mehr als Flugkünstler

Alle Vögel können fliegen? Manche sind tatsächlich wahre Luftakrobaten, andere hingegen – wie die Pinguine oder der Strauß – sind flugunfähig und haben sich an ein Leben im Wasser oder an Land angepasst. Dennoch haben alle Vögel Federn und legen Eier. Diese unterscheiden sich in Farbe, Form und Größe – abhängig von der Art des Vogels.

Überflieger

Die maximale Flughöhe, die bestimmte Vögel erreichen können.

12.000 m

10.000 m

8.000 m

6.000 m

4.000 m

2.000 m

Sperbergeier
11.300 m

Passagierflugzeug
10.700 m

Streifengans
9.000 m

Singschwan
8.840 m

Mount Everest
8.848 m

Stockente
6.400 m

Mount McKinley
6.194 m

Weißstorch
4.800 m

Wacholderdrossel
3.300 m

Kiebitz
3.900 m

Sportflugzeug
3.000 m

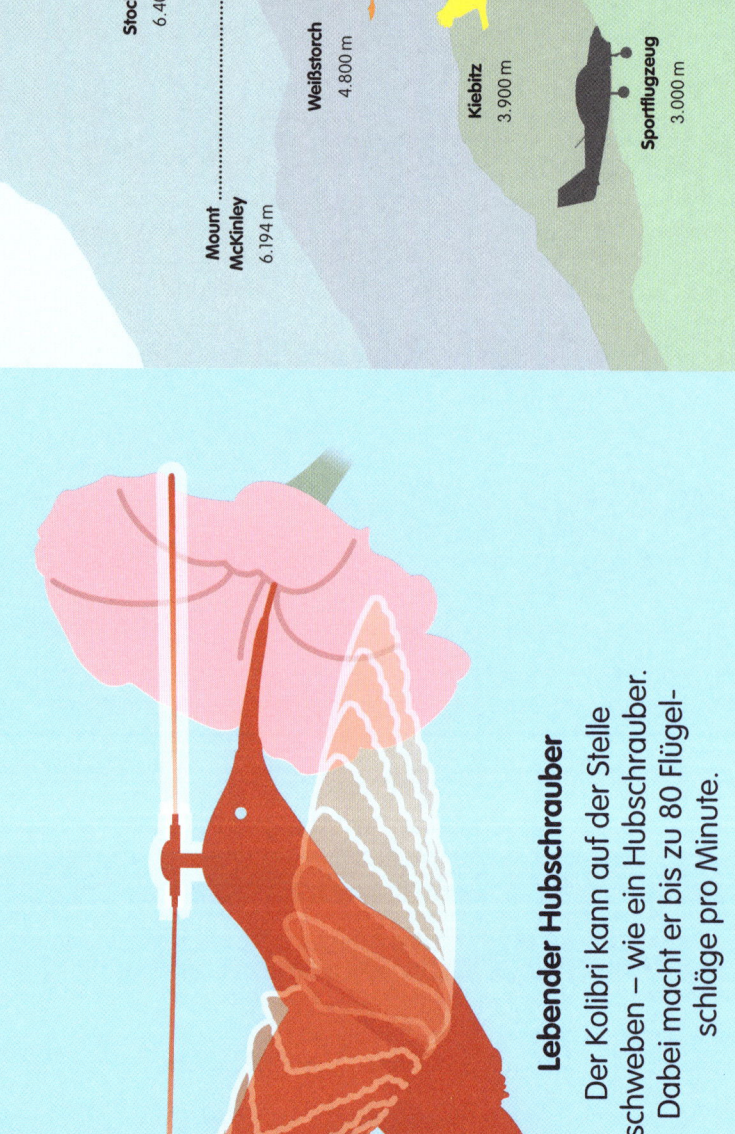

Lebender Hubschrauber

Der Kolibri kann auf der Stelle schweben – wie ein Hubschrauber. Dabei macht er bis zu 80 Flügelschläge pro Minute.

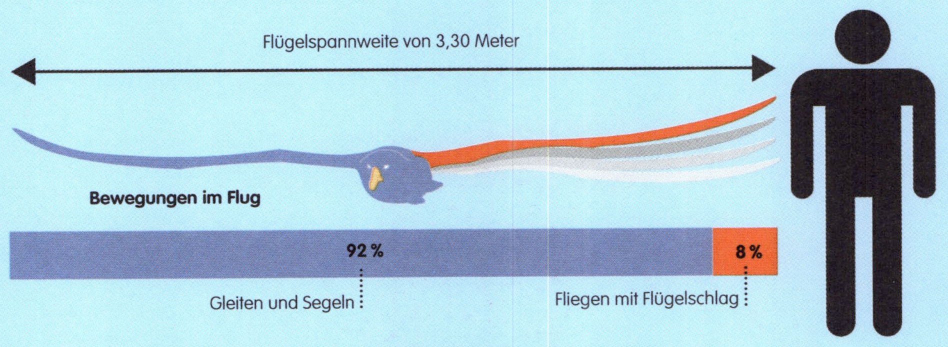

Meereshöhe
(0 m)

-100 m

-200 m

-300 m

-400 m

-500 m

-600 m

Garnot-Sturmvogel
-83 m

Dickschnabel-lumme
-210 m

Rekord-Tieftaucher
(mit entsprechender Ausrüstung)
-330 m

Kaiserpinguin
-540 m

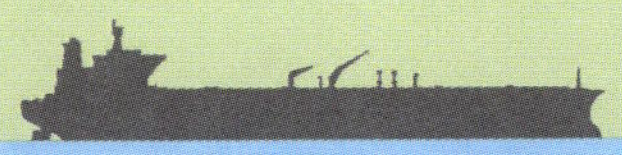

Tieftaucher

Einige Vögel schießen zum Fischfang im Sturz-flug ins Wasser, andere schwimmen auf dem Wasser und tauchen direkt unter. Pinguine nutzen bei der Jagd ihre Flügel wie Propeller.

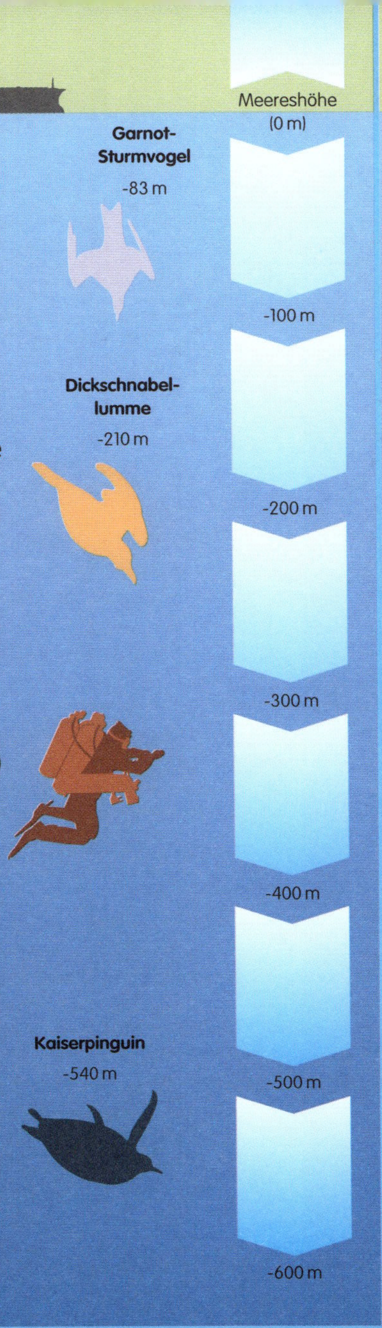

Flügelspannweite von 3,30 Meter

Bewegungen im Flug

92 %

8 %

Gleiten und Segeln

Fliegen mit Flügelschlag

Riesiger Segler

Der Albatross kann stundenlang durch die Luft segeln und gleiten, ohne auch nur einmal mit den Flügeln zu schlagen.

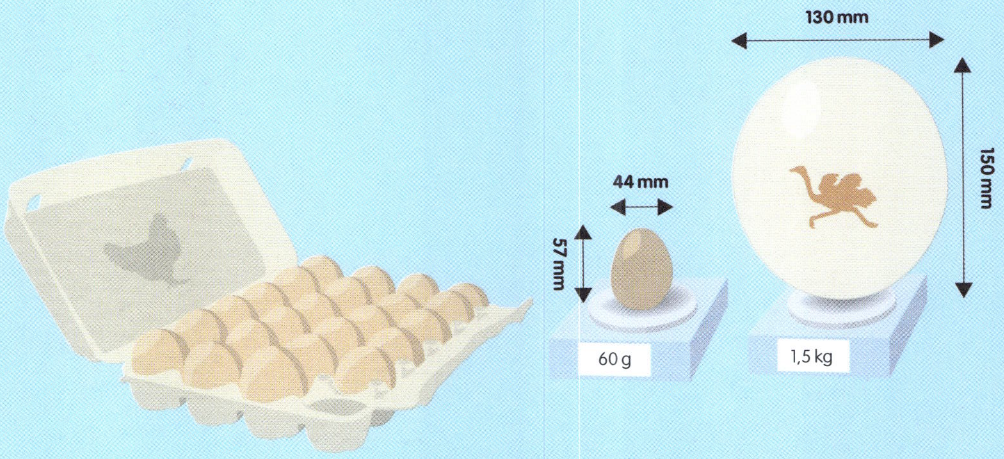

150 mm

130 mm

1,5 kg

44 mm

57 mm

60 g

Riesige Eier

Der größte Vogel legt auch die größten Eier: Straußeneier sind rund 24 Mal größer als Hühnereier.

15

Kriechtiere

Kriechtiere oder auch Reptilien sind sehr unterschiedlich: Es gibt winzige und riesige, manche haben Beine, andere nicht. Sie alle besitzen eine schuppige Körperoberfläche und ein knöchernes Skelett. Reptilien sind „wechselwarm", das heißt, ihr Körper ist immer so warm wie die Umgebung. Wollen sie jagen, müssen sie sich erst aufwärmen. Die meisten Reptilien legen Eier, nur wenige bringen lebende Jungtiere zur Welt.

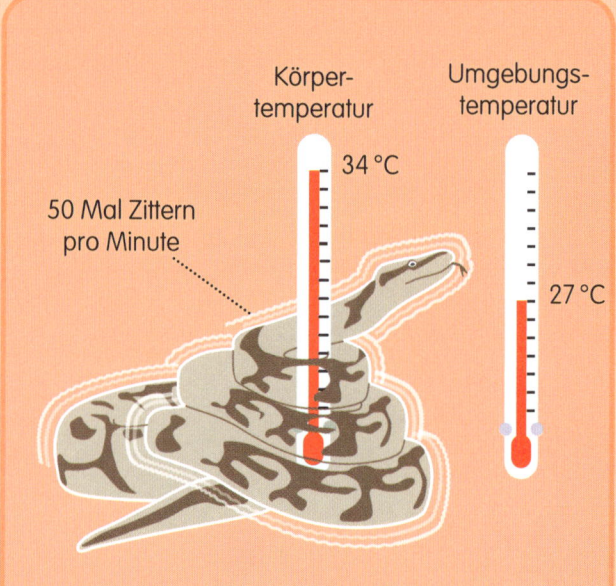

Körpertemperatur

Umgebungstemperatur

34 °C

27 °C

50 Mal Zittern pro Minute

Zitternde Schlange

Um seine Eier warm zu halten, wickelt sich der australische Rautenpython um die Eier und zittert. Dadurch erhöht er seine Körpertemperatur und die der Eier um bis zu 7 °C.

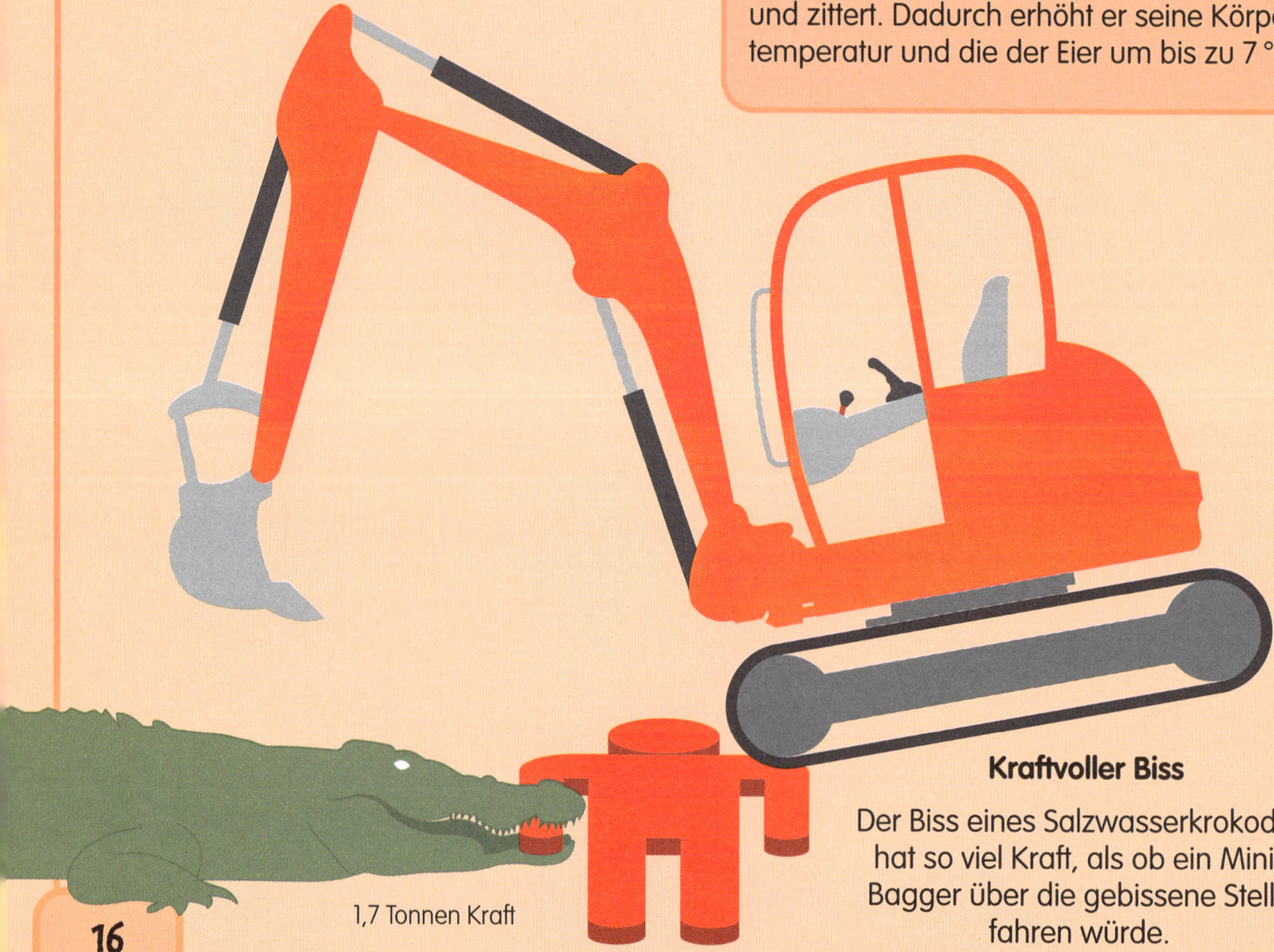

1,7 Tonnen Kraft

Kraftvoller Biss

Der Biss eines Salzwasserkrokodils hat so viel Kraft, als ob ein Mini-Bagger über die gebissene Stelle fahren würde.

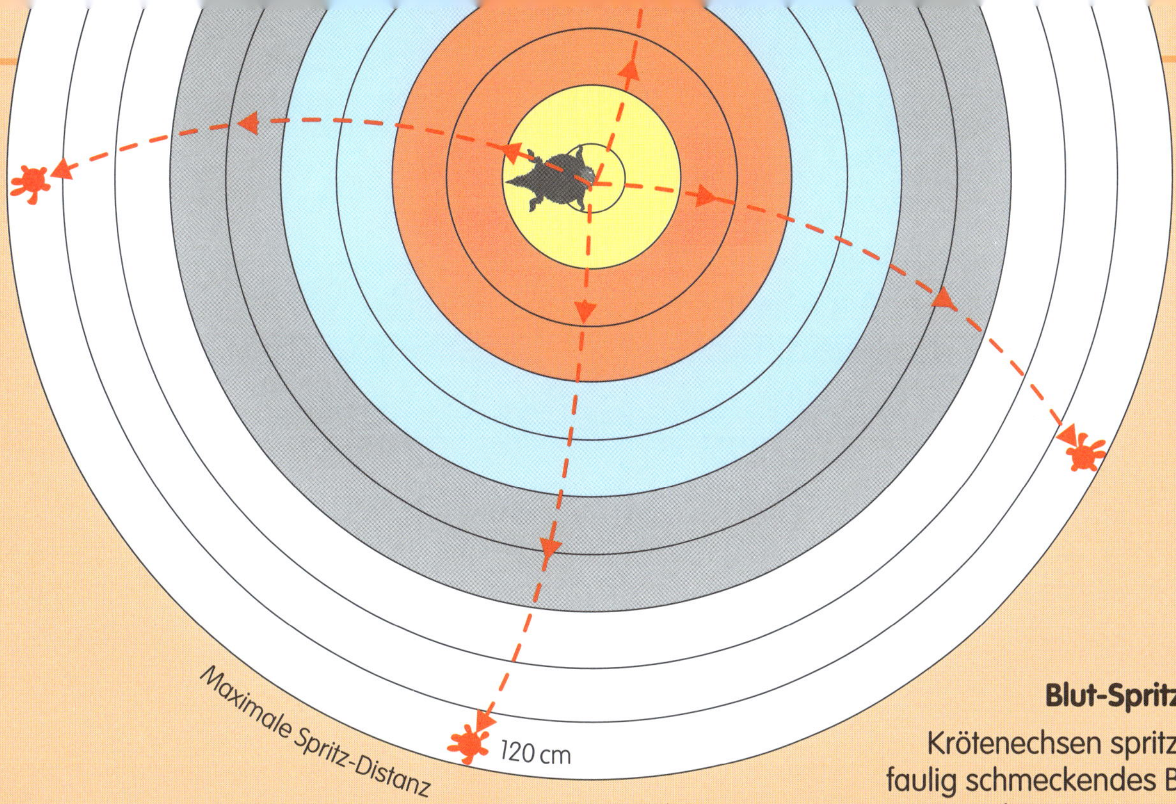

Maximale Spritz-Distanz

120 cm

Blut-Spritzer

Krötenechsen spritzen faulig schmeckendes Blut aus ihren Augen, um Angreifer zu vertreiben.

Reptilien

Ordnung	Artenzahl
Schlangen	3.378
Krokodile (Krokodile, Alligatoren, Kaimane, Gaviale)	25
Schildkröten	327
Echsen	5.634
Brückenechsen	2
Doppelschleichen	181
Anzahl aller Reptilienarten	9.547

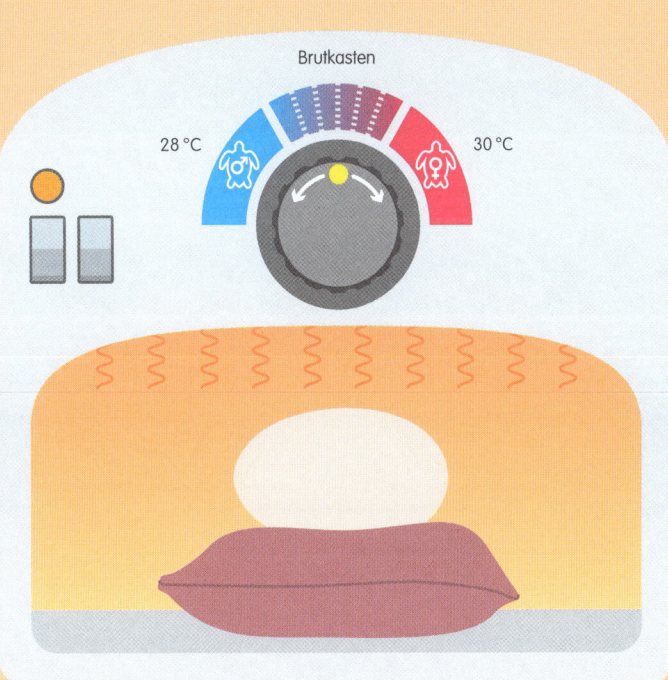

Brutkasten

28 °C   30 °C

Junge oder Mädchen?

Steht der Brutkasten auf 28 °C, wird ein männliches Schildkrötenbaby schlüpfen. Stell ihn auf 30 °C und es wird ein Weibchen.

Frösche und Lurche

Die meisten Frösche und Lurche (Amphibien) werden im Wasser geboren. Dort entwickelt sich ihr Körper und passt sich an das Leben an Land an. Zur Paarung und Eiablage kehren sie wieder ans Wasser zurück. Auch Amphibien sind „wechselwarm". Die ausgewachsenen Tiere atmen übrigens nicht nur mit ihren Lungen, sondern auch über die Haut.

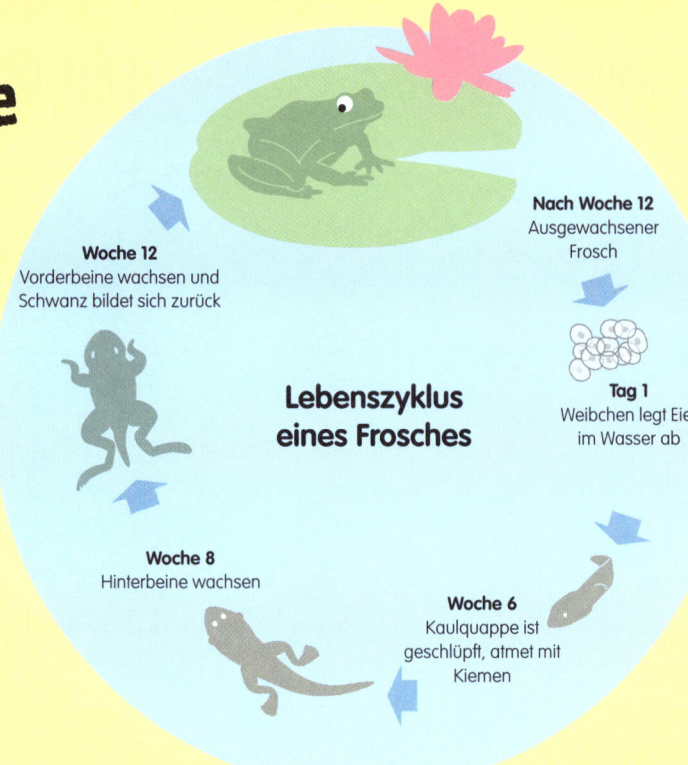

Lebenszyklus eines Frosches

Tag 1
Weibchen legt Eier im Wasser ab

Woche 6
Kaulquappe ist geschlüpft, atmet mit Kiemen

Woche 8
Hinterbeine wachsen

Woche 12
Vorderbeine wachsen und Schwanz bildet sich zurück

Nach Woche 12
Ausgewachsener Frosch

Molch

1 Woche   3–6 Wochen   6–9 Wochen

Alles neu macht der Frosch?

Einige Amphibien können Beine oder Schwanz abwerfen, um sich vor ihren Feinde zu retten. Nach etwa 9 Wochen sind sie wieder nachgewachsen.

Weitsprungmeister

Ein nur 4,5 cm großer afrikanischer Frosch kann 5,25 Meter weit hüpfen. Willst du ihm das nachmachen, müsstest du etwa 135 Meter weit springen!

0 m   1 m   2 m

Amphibien

Ordnungen	Artenzahl
Froschlurche (Frösche und Kröten)	5.966
Schwanzlurche (Salamander und Molche)	619
Schleichenlurche (Blindwühlen)	186
Anzahl aller Amphibienarten	6.771

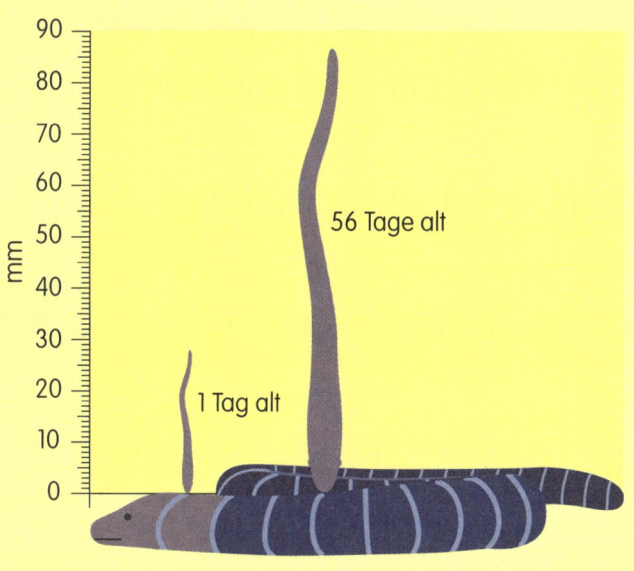

56 Tage alt

1 Tag alt

Leckerschmecker

Die Jungtiere einer kenianischen Blind-wühle fressen die nährstoffreiche Haut ihrer Mutter. Dadurch wachsen die Jungen besonders schnell.

Kaulquappe

Frosch

Riesenbaby

Die Kaulquappen des Großen Harlekin-frosches sind etwa 4 Mal größer als ihre Eltern.

21 Frösche hintereinander entsprechen 1 Meter. 110 Frösche ergeben die gesamte Sprunglänge!

3 m   4 m   5 m   5,25 m

Fische

Die meisten Fische haben Schuppen, Flossen, einen Schwanz und eine stromlinienförmige Form. Sie atmen mit Kiemen statt mit Lungen und filtern dabei den Sauerstoff aus dem Wasser. Fische legen Eier oder gebären lebende Junge, geben aber keine Milch. Man unterscheidet drei Gruppen von Fischen: Knochenfische, Knorpelfische und Rundmäuler. Knorpel ist ein stabiles, aber biegsameres Gewebe als Knochen.

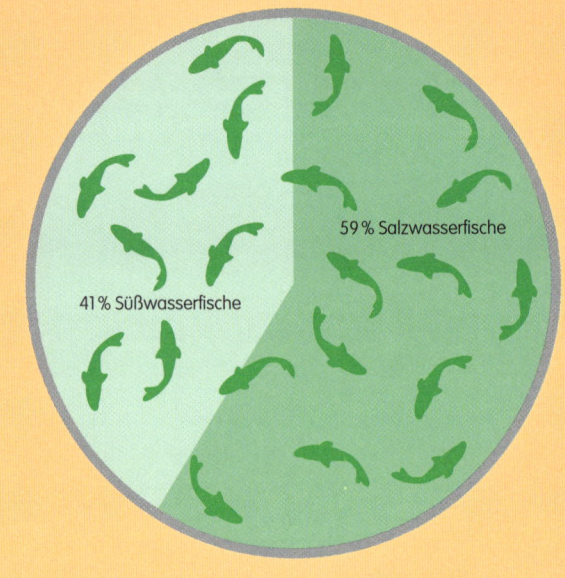

59 % Salzwasserfische

41 % Süßwasserfische

Salzig oder süß?

Im Meer leben mehr Salzwasserfische, als es Süßwasserfische in Flüssen oder Seen gibt.

Fische	
Fischgruppen	Artenzahl
Knochenfische (z. B. Hering, Makrele, Thunfisch, Lachs)	27.000
Knorpelfische (z. B. Haie und Rochen)	970
Rundmäuler (z. B. Neunauge)	108
Anzahl aller Fischarten	28.078

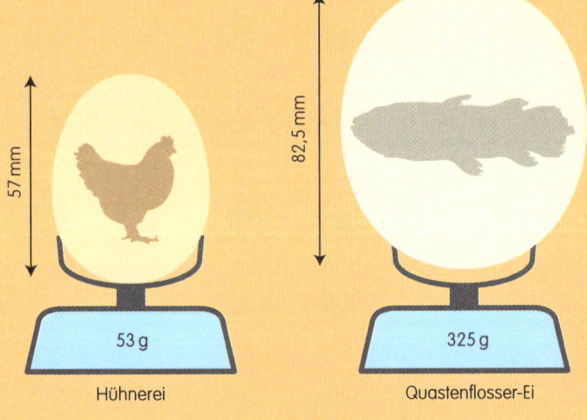

57 mm

82,5 mm

53 g

325 g

Hühnerei

Quastenflosser-Ei

Ganz schön schwer!

Das Ei eines Quastenflossers wiegt fast 7 Mal so viel wie ein Hühnerei.

12 m

Walhai

Riesenhai

Weißer Hai

Mantarochen

Katzenhai

Seekatze

Nagelrochen

17 cm

Zwerg-
Laternenhai

Keine Knochen?

Knorpelfische wie
Haie, Rochen und
Seekatzen gibt es
in unterschiedlichen
Formen und Größen.

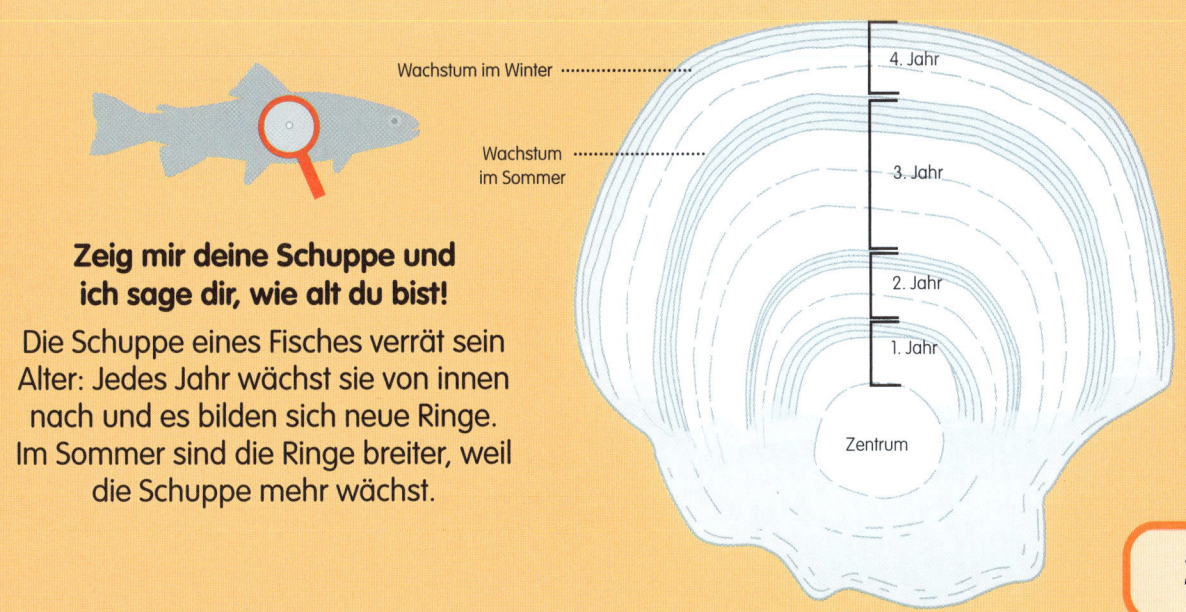

Wachstum im Winter ....

Wachstum ....
im Sommer

4. Jahr

3. Jahr

2. Jahr

1. Jahr

Zentrum

Zeig mir deine Schuppe und ich sage dir, wie alt du bist!

Die Schuppe eines Fisches verrät sein
Alter: Jedes Jahr wächst sie von innen
nach und es bilden sich neue Ringe.
Im Sommer sind die Ringe breiter, weil
die Schuppe mehr wächst.

Bewegung des Körpers beim Schwimmen	schlängelnd, fast der ganze Körper bewegt sich	hintere Körperhälfte führt schwingende Bewegungen aus
Seitenansicht des schwimmenden Fisches	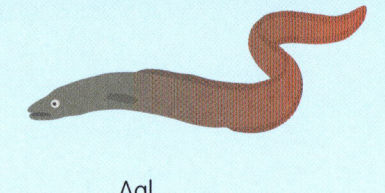 Aal	 Forelle
Schwimmbewegungen von oben	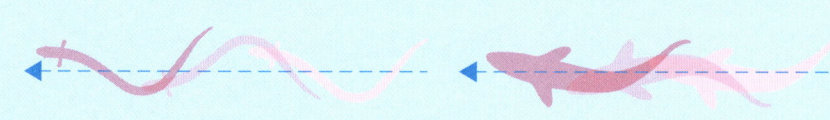	

Wellenförmige Bewegung beim Schwimmen	verwachsene Brustflossen bewegen sich wellenförmig	kleine Brustflossen sorgen für Antrieb, Schwanz- und Rückenflosse dienen nur als Steuerruder
Seitenansicht des schwimmenden Fisches	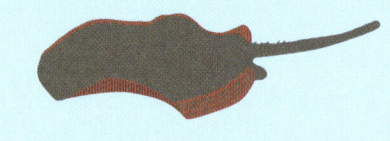 Rochen	 Igelfisch

Fürs Schwimmen gemacht

Einige Fische schwimmen, indem sie ihre Muskeln auf der linken und rechten Körperhälfte zusammenziehen. Körper und Schwanz verformen sich dabei zu einem „S". Die Vorwärtsbewegung entsteht, wenn der Fisch die Muskeln abwechselnd bewegt. Manche schwimmen vor allem mit ihren Flossen. Die können unterschiedlich bewegt werden: wellenförmig oder schlagend.

Körperteile, die für die Fortbewegung eingesetzt werden

Verschiedene Flossen

Schwanzflosse
Rückenflosse
Brustflosse
Afterflosse
Bauchflosse

fast nur noch die Schwanzflosse
bewegt sich, sehr schnell und kraftvoll

ausschließlich die steife Schwanzflosse
bewegt sich schnell schwingend

Makrele

Thunfisch

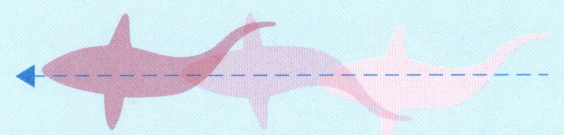

wellenförmig verlaufende
Bewegung der sehr langen
Rückenflosse

wellenförmige Bewegung
der sehr langen Afterflosse

wellenförmig verlaufende
Bewegung der After- und
hinteren Rückenflosse

Kahlhecht

Messeraal

Picasso-Drückerfisch

**Schlagende Bewegung
beim Schwimmen**

schlägt mit den Brustflossen
zur Fortbewegung

schlägt mit der hinteren
Rücken- und Afterflosse

Seitenansicht des
schwimmenden Fisches

Kalifornischer
Zahnlippenfisch

Mondfisch

Leben in der Tiefe

Wissenschaftler teilen die Meerestiefe in verschiedene Bereiche ein: Im ersten gibt es genügend Sonnenlicht, sodass Pflanzen wachsen. Im darunterliegenden Bereich reicht das Licht gerade noch zum Sehen. Der dritte und tiefste Bereich ist stockfinster. Viele Bewohner dort sind mit riesigen Mäulern ausgestattet und versuchen damit aufzuschnappen, was an Nahrung aus höheren Schichten herabsinkt. Manche Fische der Tiefe können sogar selbst Licht produzieren.

200 m

DÄMMERUNGSZONE

1.000 m

TIEFSEEZONE

2.000 m

3.000 m

Thunfische

Makrelen

Quallen

Haie

Tintenfische

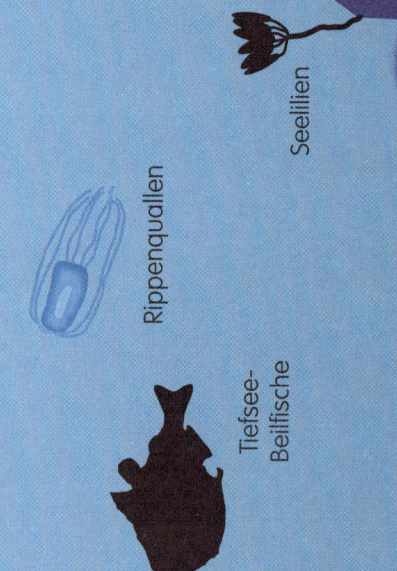

Rippenquallen

Seelilien

Tiefsee-Beilfische

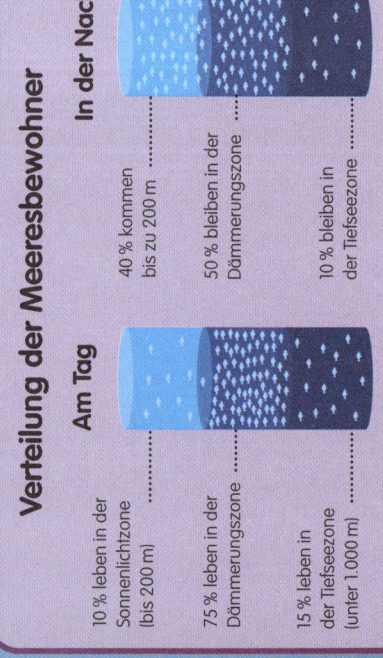

Tiefsee-Anglerfische

Verteilung der Meeresbewohner

Am Tag

10 % leben in der Sonnenlichtzone (bis 200 m)

75 % leben in der Dämmerungszone

15 % leben in der Tiefseezone (unter 1.000 m)

In der Nacht

40 % kommen bis zu 200 m

50 % bleiben in der Dämmerungszone

10 % bleiben in der Tiefseezone

Schwämme

Schleimaale

Schwarze Schlinger

Barrmännchen

4.000 m

5.000 m

6.000 m

Wirbellose Tiere

Etwa 95 % aller Tierarten gehören zu den wirbellosen Tieren, also ohne Wirbelsäule oder festes Knochengerüst. Dazu gehören Würmer, Schnecken, Tintenfische, aber auch Insekten, Spinnen und Krebstiere. Statt Knochen im Innern haben die meisten Wirbellosen ein Außenskelett, also eine festen Panzer, um sich zu schützen.

Eine riesige Familie!
Die Gliederfüßer (grün) sind die größte Gruppe innerhalb der Wirbellosen.

Das längste Tier der Welt
Ein im Meer lebender Schnurwurm kann bis zu 30 m lang werden. Das wäre ein ziemlich dünner, langer Schal für die Freiheitsstatue!

Spiegelbild
Der Körper vieler Wirbellosen ist symmetrisch: Die eine Körperhälfte ist genau wie die andere aufgebaut.

Welche Kleiderkiste gehört einem Insekt und welche einer Spinne?

Tipps 1) Spinnen haben normalerweise acht Beine. 2) Insekten haben Kopf, Rumpf und Hinterleib. 3) Häufig haben Insekten Flügel. 4) Spinnen haben in der Regel acht Augen.

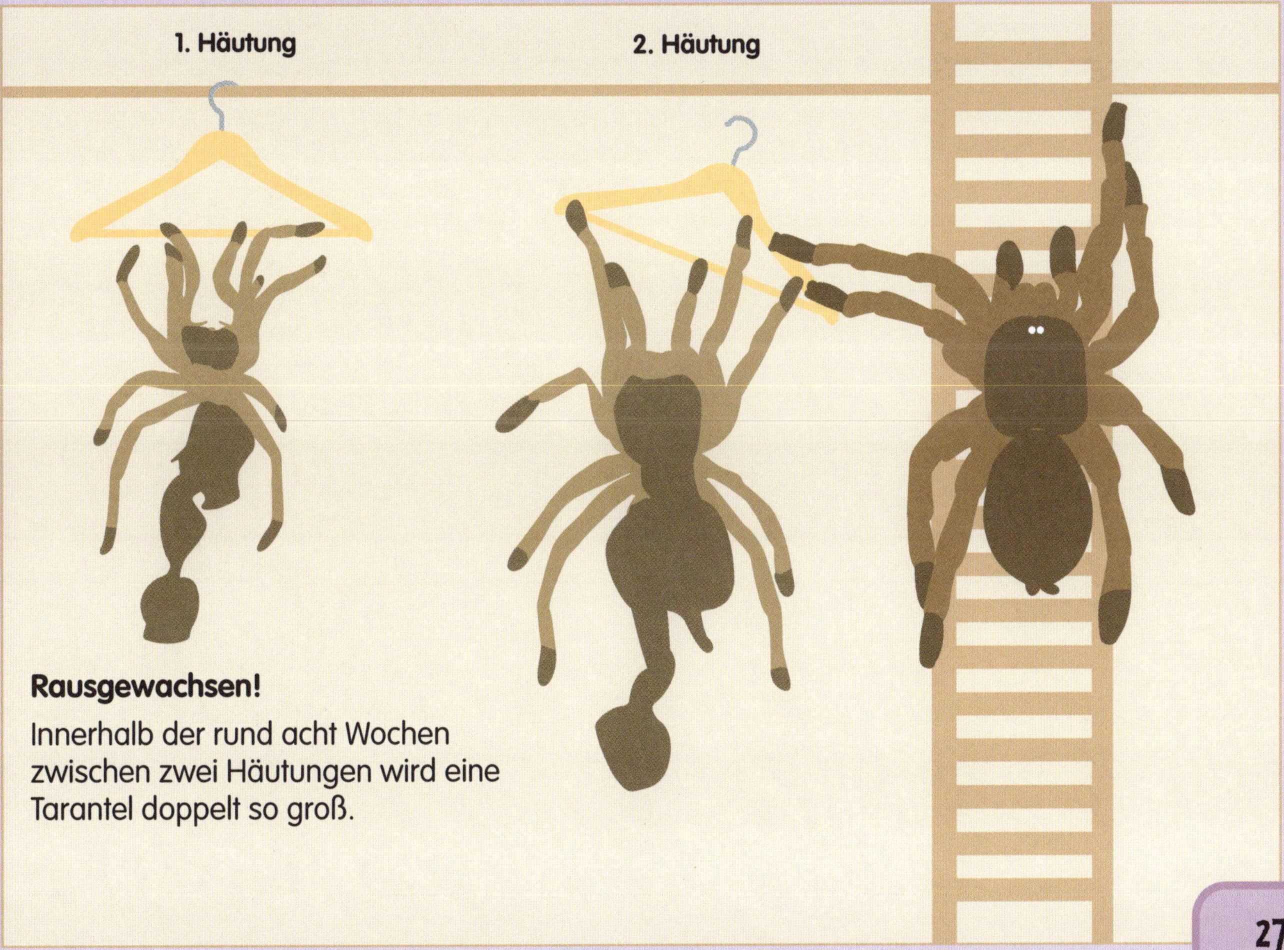

1. Häutung   **2. Häutung**

Rausgewachsen!

Innerhalb der rund acht Wochen zwischen zwei Häutungen wird eine Tarantel doppelt so groß.

Die Tricks der Wirbellosen

Fleischfressende Wirbellose haben ausgeklügelte Werkzeuge und Fähigkeiten, die ihnen bei Nahrungssuche und Beutefang helfen. Ganz schlau macht es der Hakenwurm: Er lebt als Parasit im Körper seines Opfers und ernährt sich direkt von dessen Blut.

Kraftvoll und stark

Die Scheren des Palmendiebs (eine Krabbenart) sind so stark, dass sie locker einen Besenstiel durchschneiden oder einen 8-jährigen hochheben könnten.

Gewicht: 30 kg

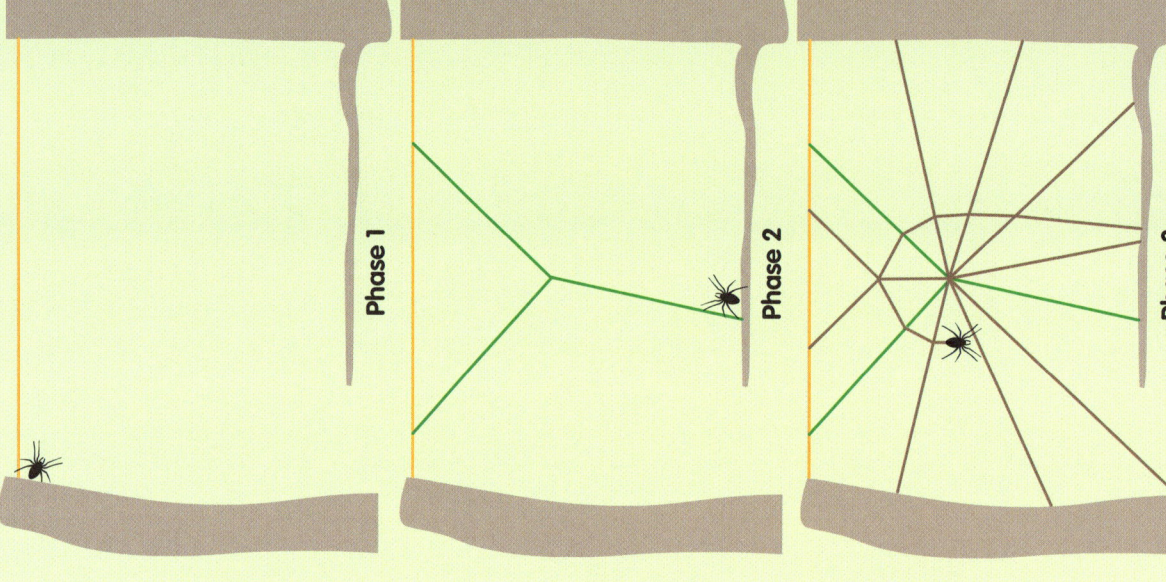

Blutsauger

Während seiner fünf Lebensjahre trinkt der nur 12 mm lange Hakenwurm fast einen Liter Blut.

Menschliches Blut

Der Hakenwurm im Verhältnis zu einer Literflasche Blut

Phase 1

Phase 2

Phase 3

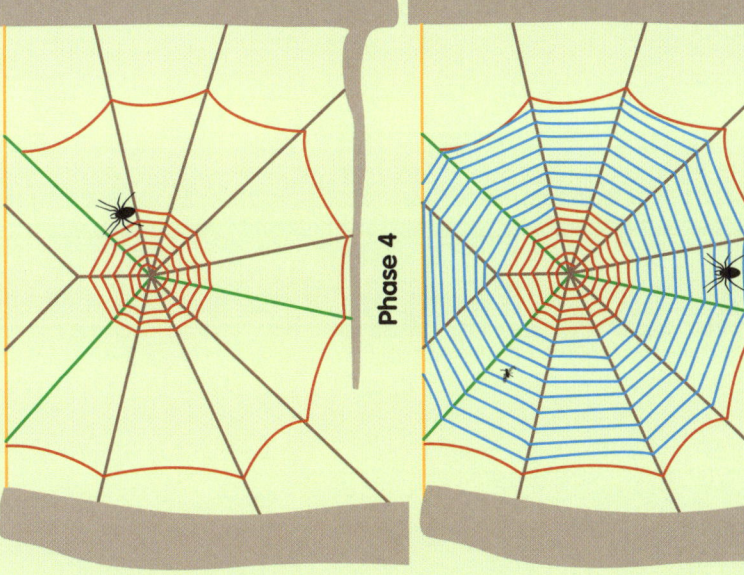

Phase 4

Phase 5

Ein Spinnennetz entsteht

Jedes Spinnennetz beginnt mit einem einzelnen, geraden Faden, an dem der Rest festgemacht werden kann. Oben siehst du die einzelnen Bauphasen.

Menschliche Schmerzgrenze

Vorschlag-hammer

Düsen-flugzeug

Pistolenkrebs

Föhn

Laute Party

Normales Gespräch

Regentropfen

Leises Flüstern

Dezibel

200 180 160 140 120 100 80 60 40 20 0

Laute Überraschung

Um seine Beute zu überwältigen, macht der Pistolenkrebs mithilfe einer platzenden Luftblase einen Riesenlärm und ist damit viel lauter als jeder Düsenjet.

Giftiges Ende!

Einer der giftigsten Skorpione ist nur 8–12 cm groß und könnte auf einen Schlag 30 Mäuse töten: In seinem Schwanz ist ein Stachel mit tödlichem Nervengift.

Winzige Wesen

Unglaublich: In deinem Bett gibt es mehr Lebewesen als in jedem Zoo! Du bemerkst sie nur nicht, weil sie so extrem klein sind. Nur bis zu einer Größe von rund 0,5 mm können wir sie überhaupt noch sehen. Die unzähligen noch kleineren kann man nur mit einem Mikroskop betrachten. Es gibt die verschiedensten Arten winziger Kreaturen – aber nicht alle wohnen im Bett.

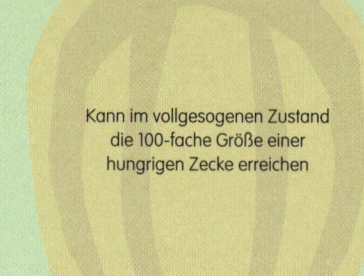

Kann im vollgesogenen Zustand die 100-fache Größe einer hungrigen Zecke erreichen

Hungrige Zecke

Vollgesogene Zecke

Ganz schön aufgeblasen!

Während sie Blut saugen, blähen sich Zecken auf wie ein Luftballon.

Hausstaubmilbe

Staubbewohner

In einem Löffel Hausstaub leben bis zu 5.000 mikroskopisch kleine Spinnentiere: die Hausstaubmilben.

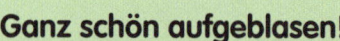

Esslöffel mit Staub

5.000 Hausstaubmilben

Trockenschlaf

Trocknet ihr Lebens-
raum aus, machen das
einige Mini-Geschöpfe
genauso: sie geben
alles Wasser ab und
fallen in eine Art Schlaf,
bis wieder Feuchtigkeit
da ist.

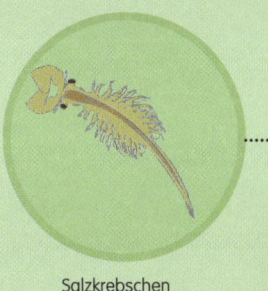

Salzkrebschen

Rädertierchen

Schlafende Zuckmücke

Extreme Trockenheit
Das Tierchen trocknet
aus und schläft.

Fadenwürmer

Luftdruck
Erträgt das 6.000-fache des
Luftdrucks auf der Erde.

Radioaktive Strahlung
Hält das 1.000-fache der
Strahlung aus, die
Menschen tötet.

Echt zäh!

In ausgetrocknetem, schlafendem
Zustand hält das Bärtierchen mehr
aus als jedes andere Lebewesen
auf der Erde!

Kochend heiß
Erträgt Temperaturen
bis 151 °C.

Eiskalt
Auch -273 °C ist kein
Problem.

Tierische Rekordmeister

Hätten Tiere eine Olympiamannschaft, würden sie ganz oben im Kampf um die Medaillen mitmischen. Hier siehst du einige Vertreter, die sich enorm gut an ihren Umwelt angepasst haben, um zu überleben. Echt rekordverdächtig! Wissenschaftler untersuchen diese Tiere, um ihre besonderen Eigenschaften für uns Menschen nutzen zu können. Stell dir vor, es gäbe einen Roboter, der fast das 1.000-fache seines Gewichtes tragen könnte – so wie eine besondere Dungkäferart.

Das entspricht einem menschlichen Sprung von 172 m Höhe.

Hochsprung

Ein Floh kann 30 cm hoch springen – was 100 Mal seine eigene Körpergröße ist.

200 m-Lauf

Der Wanderfalke schafft 200 Meter in nur 2,2 Sekunden. So schnell ist kein anderes Tier an Land oder im Wasser.

Wanderfalke	322 km/h
Gepard	112,6 km/h
Fächerfisch	109,4 km/h
Gabelbock	98,2 km/h
Strauß	72,4 km/h
Windhund	64,4 km/h
Breitmaulnashorn	56,3 km/h
Mensch	38,6 km/h
Schwarzleguan	34,6 km/h

0 m   20 m   40 m   60 m   80 m

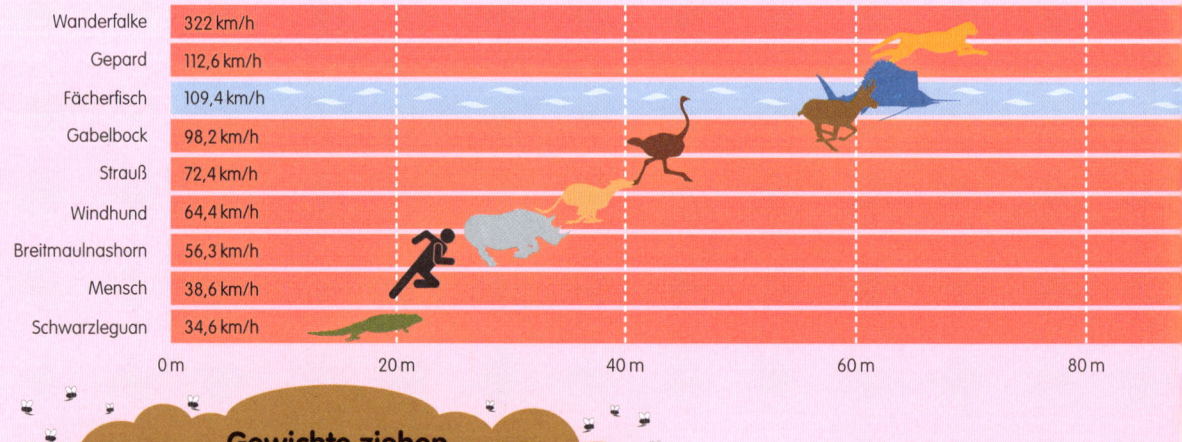

Gewichte ziehen

Wäre ein Mensch so stark wie dieser Dungkäfer, könnte er sechs Doppeldecker-Busse ziehen.

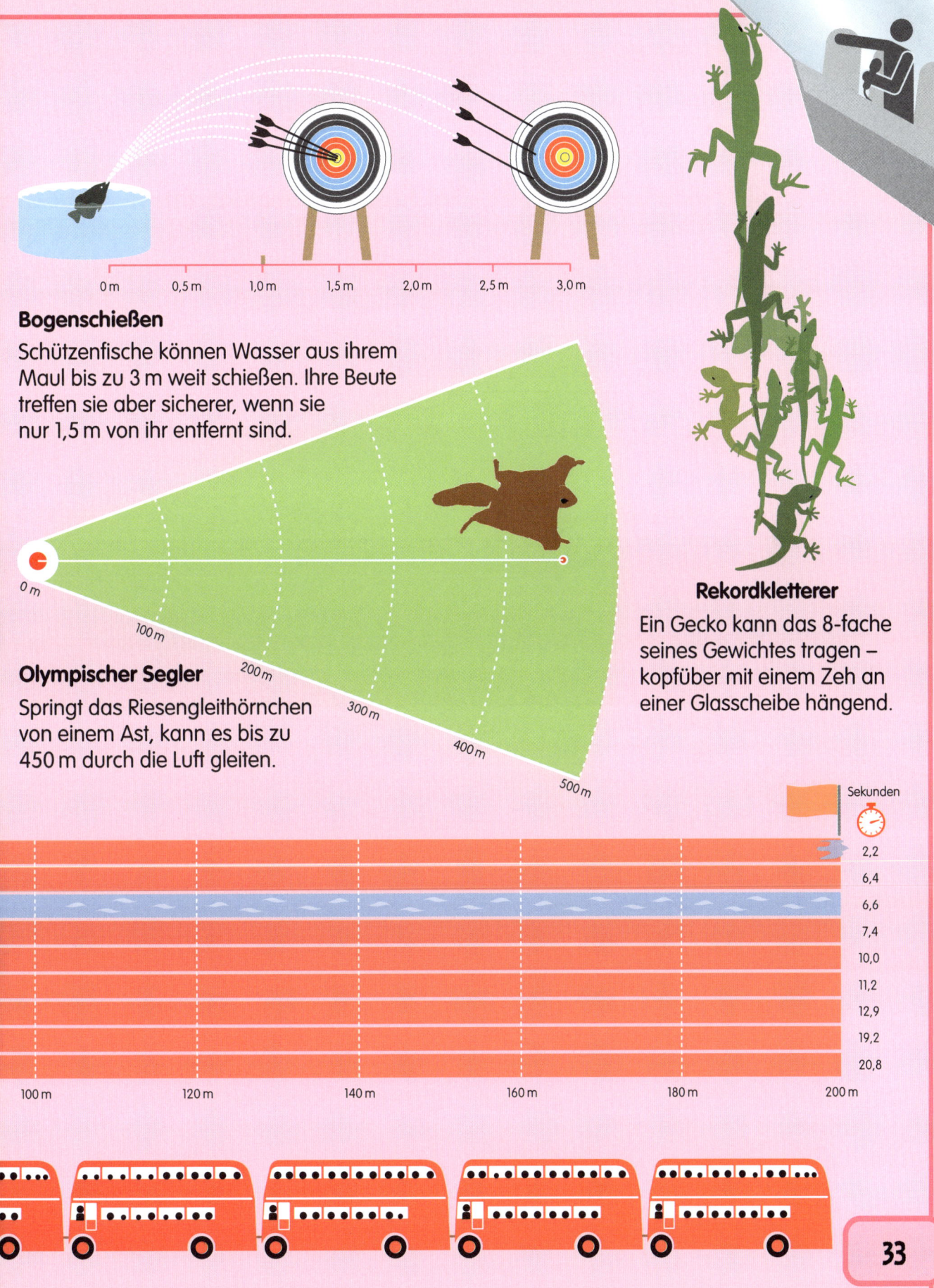

0 m 0,5 m 1,0 m 1,5 m 2,0 m 2,5 m 3,0 m

Bogenschießen

Schützenfische können Wasser aus ihrem Maul bis zu 3 m weit schießen. Ihre Beute treffen sie aber sicherer, wenn sie nur 1,5 m von ihr entfernt sind.

0 m

100 m

200 m

300 m

400 m

500 m

Olympischer Segler

Springt das Riesengleithörnchen von einem Ast, kann es bis zu 450 m durch die Luft gleiten.

Rekordkletterer

Ein Gecko kann das 8-fache seines Gewichtes tragen – kopfüber mit einem Zeh an einer Glasscheibe hängend.

Sekunden

2,2
6,4
6,6
7,4
10,0
11,2
12,9
19,2
20,8

100 m 120 m 140 m 160 m 180 m 200 m

Die Sinne der Tiere

Bei der Futter- und Partnersuche oder um Gefahr zu vermeiden, verlassen sich Tiere auf ihre Sinne. Die Informationen werden vom Nervensystem bearbeitet. Einige Tiere haben Sinnesorgane, die wir nicht haben: Haie können z. B. elektrische Felder aufspüren, die von den Muskeln ihrer Beute ausgesendet werden.

Picknickplatz 30 km

Riechen

Die ausgezeichnete Nase führt den Grizzlybär geradewegs zur Futterquelle. Der Bär kann Essensduft aus 30 km Entfernung riechen.

Alles im Blick

Die Augen von Jägern sind nach vorn und nach unten gerichtet: So können sie Beute sehen und gut jagen. Beutetiere haben dagegen seitliche Augen für eine gute Rundumsicht, denn oft lauern Angreifer aus der Luft oder schleichen sich seitlich an.

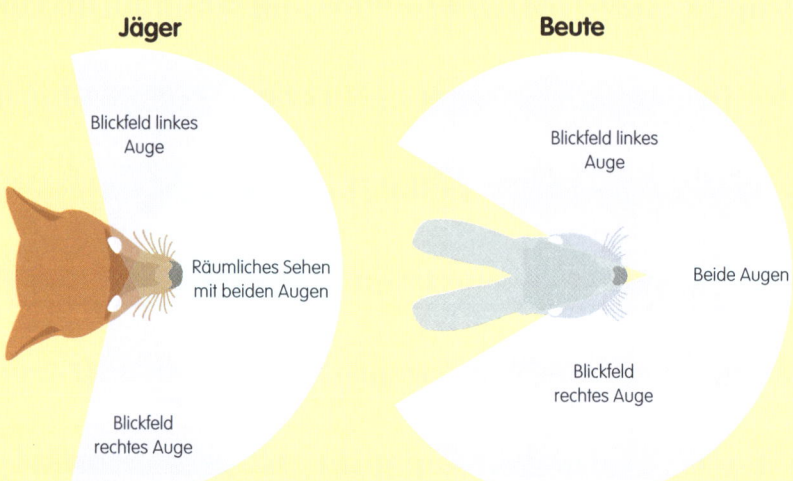

Jäger

Blickfeld linkes Auge

Räumliches Sehen mit beiden Augen

Blickfeld rechtes Auge

Beute

Blickfeld linkes Auge

Beide Augen

Blickfeld rechtes Auge

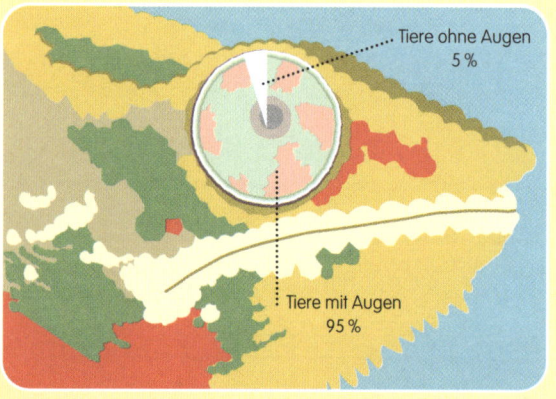

Tiere ohne Augen 5 %

Tiere mit Augen 95 %

Sehkraft

Sehen zu können, ist für fast alle Tiere enorm wichtig. Daher haben auch die meisten Tiere Augen.

Hochleistungssinne

Haie sehen in der Dunkelheit besser als jede Katze und ihr Geruchssinn übertrifft den des Menschen um das 1.000-fache. Die Hochleistungsjäger spüren geringste Druckschwankungen im Wasser, nehmen elektrische Felder der Beute war und ihr Gehör ist exzellent.

90 m

50 m

40 m

700 m

9.000 m

Elektrische Felder

Optische Eindrücke

Druckschwankungen

Gerüche

Geräusche

Echolot

Fledermäuse und einige andere Tiere stoßen ständig sehr hohe Töne aus und hören, was davon zurückkommt. Je näher ein Hindernis ist, desto schneller kehrt das Echo zurück ans Ohr der Fledermaus. Auf diese Weise finden sie ihren Weg – und ihre Beute – auch in völliger Dunkelheit.

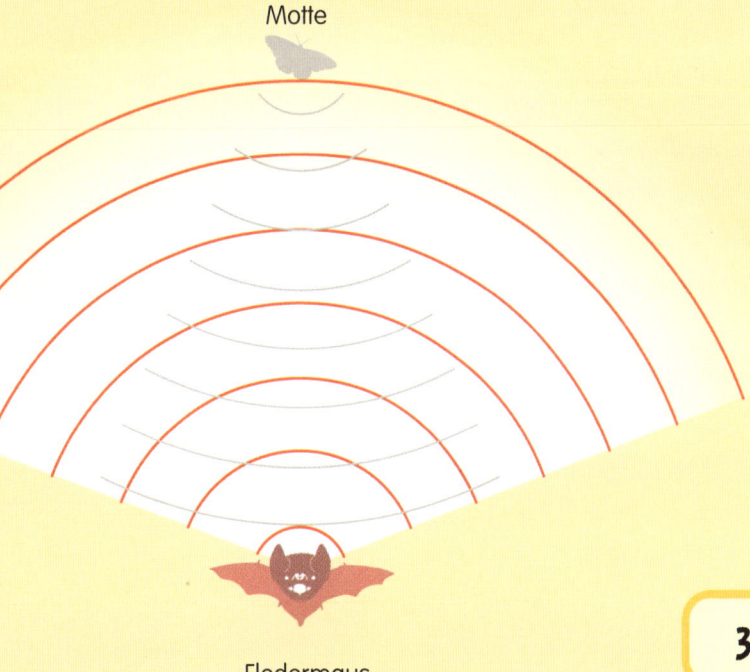

Motte

((Ausgestoßener Ton

)) Zurückkehrender Ton

Fledermaus

35

Die Sprache der Tiere

Auch wenn Tiere nicht wie Menschen sprechen, haben sie doch viele Wege, sich untereinander zu verständigen. Das funktioniert z. B. durch Laute, Farbsignale oder Körpersprache und manchmal sogar, indem sie tanzen. Dabei berichten sie z. B. über gute Futterquellen oder warnen vor Gefahr.

60°   Sonnenstand

Die mittlere Laufbahn zeigt die Richtung der Futterquelle – im Verhältnis zum Stand der Sonne und der Lage des Bienenstocks.

Boden des Bienenstocks

60°

Je schneller die Biene mit dem Po wackelt, desto weiter ist die Futterquelle entfernt.

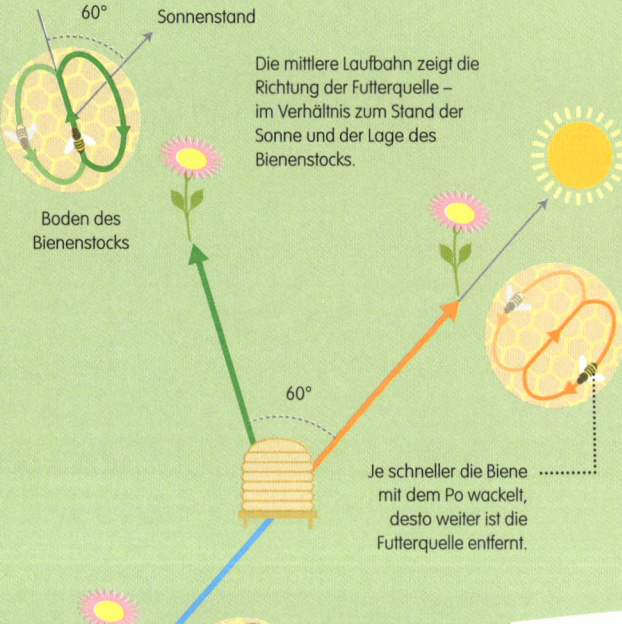

Farbsignale

Durch seine Körperfärbung zeigt ein weibliches Pantherchamäleon dem Männchen, ob es paarungsbereit ist (rechts) oder nicht (links).

Schwänzeltanz

Honigbienen wackeln mit ihrem Po und laufen dabei achtförmige Figuren nach, um so den anderen zu zeigen, wo es gutes Futter gibt.

Wörterbuch: Hündisch

Ein Hund zeigt durch seine Körpersprache sehr genau, was er denkt.

entspannt | verspielt | angespannt | unsicher, nervös

angriffsbereit

verängstigt

aufgeregt | ruhig, neutral | überlegen | unterwürfig

Lautstärke

Wären alle Tiere der Welt gleich groß, wäre das lauteste ein kleines Insekt: eine Ruderwanze. Hier die Lautstärke einiger Tiere im Verhältnis zu ihrer Größe.

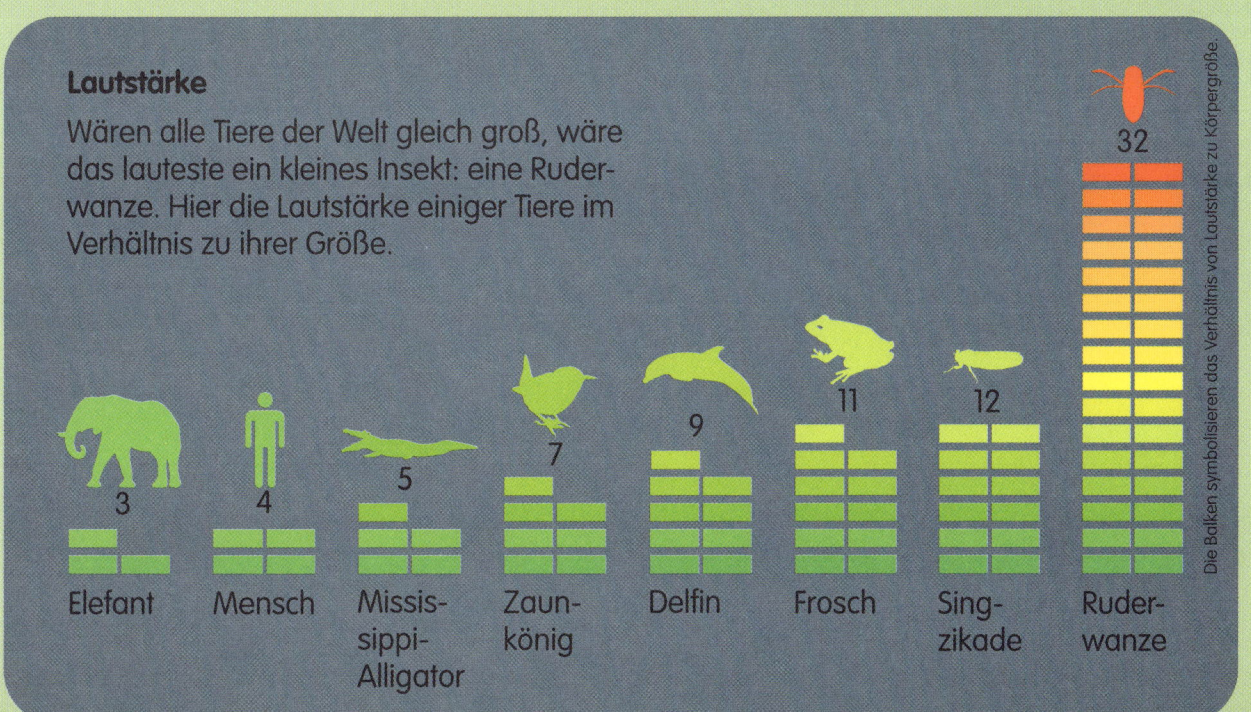

Die Balken symbolisieren das Verhältnis von Lautstärke zu Körpergröße.

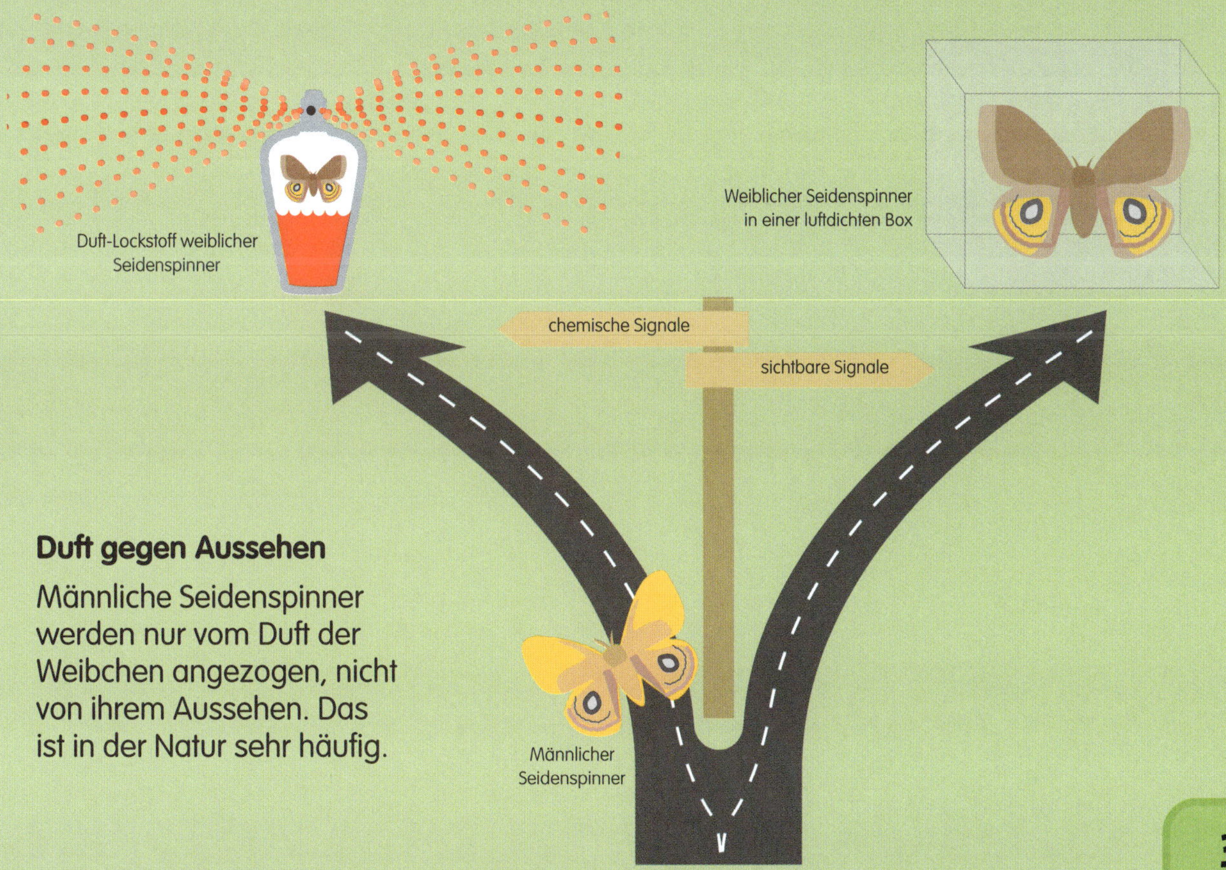

3	4	5	7	9	11	12	32
Elefant	Mensch	Missis-sippi-Alligator	Zaun-könig	Delfin	Frosch	Sing-zikade	Ruder-wanze

Duft-Lockstoff weiblicher Seidenspinner

Weiblicher Seidenspinner in einer luftdichten Box

chemische Signale

sichtbare Signale

Duft gegen Aussehen

Männliche Seidenspinner werden nur vom Duft der Weibchen angezogen, nicht von ihrem Aussehen. Das ist in der Natur sehr häufig.

Männlicher Seidenspinner

Die Waffen der Jäger

Die meisten fleischfressenden Tiere haben spezielle Fähigkeiten, mit denen sie Beute aufspüren und jagen. Die Jagdausstattung reicht von scharfen Zähnen und Klauen über Gift bis hin zu Elektroschocks. Auch die Jagdtaktik variiert: manche Tierarten jagen allein, andere in Gruppen. Dadurch können sie Tiere erbeuten, die wesentlich größer sind als sie selbst.

Jagdparty

Manche Tierarten tun sich zur Jagd zusammen. Die Größe der Jagdgemeinschaften ist von Art zu Art unterschiedlich.

2 Weißkopfseeadler

6 Schimpansen

12 Waldhunde

Volt

Schock!

Um seine Beute zu lähmen oder Feinde abzuhalten, gibt ein Zitteraal Stromstöße ab, die doppelt so stark sind wie der Strom, der aus unseren Steckdosen kommt.

Gazellenjagd – Highscore

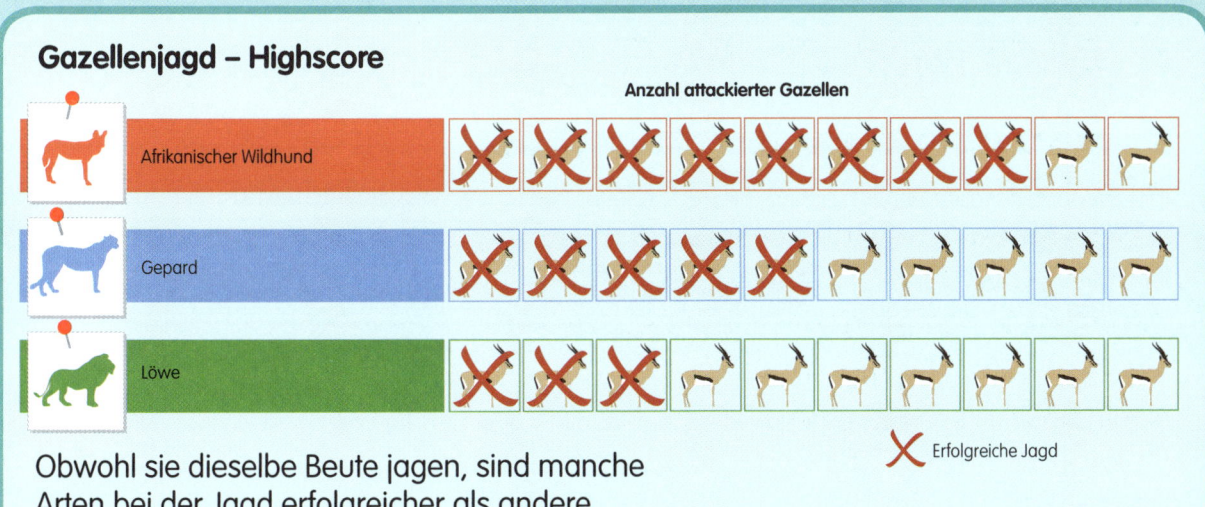

Anzahl attackierter Gazellen

Afrikanischer Wildhund

Gepard

Löwe

✗ Erfolgreiche Jagd

Obwohl sie dieselbe Beute jagen, sind manche Arten bei der Jagd erfolgreicher als andere.

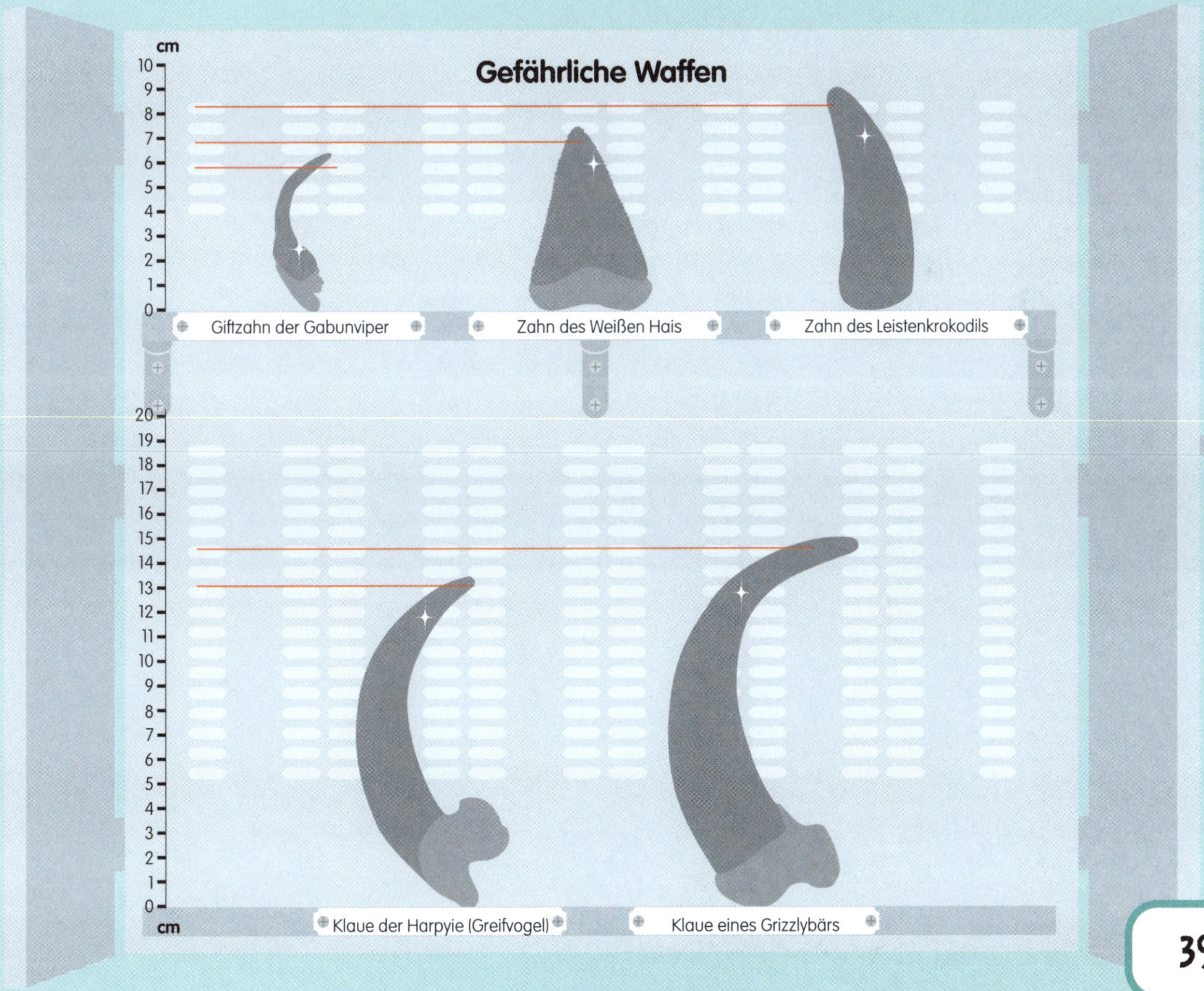

Gefährliche Waffen

cm

Giftzahn der Gabunviper

Zahn des Weißen Hais

Zahn des Leistenkrokodils

Klaue der Harpyie (Greifvogel)

Klaue eines Grizzlybärs

cm

Trickreiche Verteidigung

Um nicht zur nächsten Mahlzeit eines Fleisch-
fressers zu werden, haben alle Beutetiere
verschiedene Möglichkeiten: wegrennen,
sich verstecken oder tot stellen. Manche
greifen aber auf trickreichere Methoden
zurück: harte Schalen, Stacheln
oder giftige Flüssigkeiten.

Opossum

Tot stellen

Bei Gefahr stellen sich
Opossums bis zu 6 Stunden
lang tot. Angreifern wird so
vorgespielt, es handele sich
um altes Fleisch, und sie
verziehen sich meist wieder.

Übers Wasser laufen

Bestimmte Leguane, die Basilisken, können übers Wasser laufen. Sie springen auf die Ober-
fläche, unter den Füssen bildet sich ein kleines Luftpolster und dann heißt es: Gas geben!

Aufschlag	Beschleunigung	Rückfederung

Jede einzelne Laufbewegung besteht aus diesen Bewegungen.
Die Prozentangaben verraten die Anteile jeder Einzelbewegung im Laufen.

13,9 %	17,5 %	68,6 %

Mensch

Gestank kilometerweit!

Den Gestank eines Stinktieres, dass sich bedroht fühlt, kann man noch in 2,5 km Entfernung riechen.

2,5 km entfernt

Schleim-Limo?

Wird ein Schleimaal gebissen, bildet er Schleim, der dem Angreifer den Mund verstopft. In einer Minute kann er so viel Schleim produzieren, wie in 22 Cola-Dosen passen würde.

Kot-Katapult

Fühlt sich die Raupe eines Dickkopffalters bedroht, schießt sie mit Kotbällchen auf den Feind. Dabei wirft sie bis zu 1,5 m weit – du müsstest dafür 73 m weit werfen!

Wäre die Raupe so groß wie ein Mensch, könnte sie ihre Kotkügelchen so weit schießen, wie die grüne Linie lang ist.

 Raupe (hier so groß wie ein Mensch)

73 m

41

Tierische Verbrecher

Was für uns Verbrechen sind, ist für manche Tiere ganz normal: Diebstahl zum Beispiel oder das Verletzen oder sogar Töten anderer Tiere. Allerdings geschieht das nicht aus Habgier, Boshaftigkeit oder Neid, sondern nur um zu überleben.

Grünzeug-Diebe

Wanderheuschrecken verdrücken an einem Tag so viel Grünzeug, wie sie selbst wiegen. Die Tiere vernichten jede Pflanze auf ihrem Weg.

Beweise

Verdächtiger: Seeschlangen

Beweismittel: bis zu 15 mg Gift

Opfer: Ihr Gift reicht aus, um bis zu 1.000 Menschen zu töten.

Giftmischer

Bei einem Menschen kann das wirksame Gift der Seeschlange innerhalb von 30 Minuten zum Tod führen. Ihre Beutetiere sterben allerdings schneller.

80 gegen einen

80 Hyänen und ein Löwe wurden dabei beobachtet, wie sie alle um ein einziges totes Beutetier kämpften.

Höhe

160 mm

120 mm

Küken eines
Kuckucks

80 mm

Erwachsener Teichrohrsänger

40 mm

0 mm

Häftlingskartei

072017

Name: Kuckucksküken
Adresse: Europa

Verbrechen:
Gibt sich 17 Tage lang als Teichrohrsänger aus.
Nimmt 17 Tage lang gestohlenes Futter an.

Fußabdrücke

Gefiederte Täuscher

Kuckucksweibchen legen ihre Eier in die Nester anderer, meist kleinerer Vögel, die die Küken als ihre eigenen aufziehen – trotz des Größenunterschieds.

Stechmücken:
3.000.000

Schlangen:
125.000

Skorpione:
2.000

Raubkatzen:
800

Krokodile:
600

Galerie der tierischen Killer

Diese Statistik zeigt, wie viele Menschen jährlich auf das Konto der gefährlichsten Killer im Tierreich gehen.

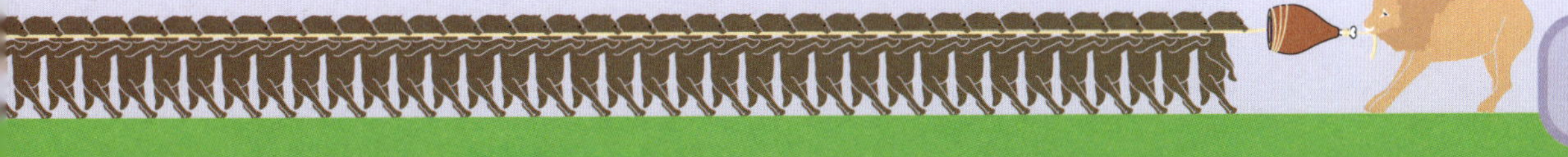

Balzverhalten

Tiere schicken sich zwar keine Blumen, betreiben aber trotzdem ganz schön viel Aufwand, um den anderen zu beeindrucken. Manche sind ziemlich verrückt, andere eher romantisch: Tiere singen, tanzen, stolzieren oder kämpfen, um den Partner von sich zu überzeugen. Manchmal bestechen sie mit Futter oder hübschen Häusern.

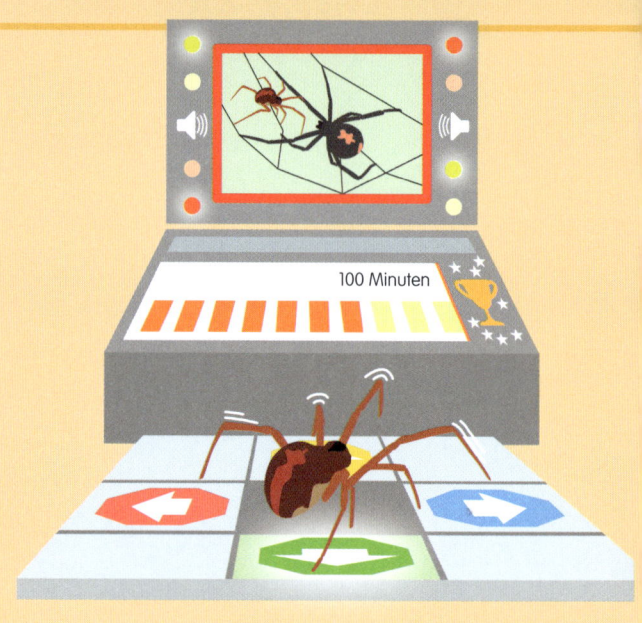

100 Minuten

Tanz und Hochzeit … oder Tod

Das Männchen der Rotrückenspinne führt einen Tanz über 100 Minuten auf, um dem Weibchen zu gefallen. Stoppt es zu früh, beißt sie ihm den Kopf ab.

Affen-Duett

Einmal pro Woche singen Pärchen der Siamang-Gibbons ein 15-minütiges Duett. Das stärkt die Zuneigung und die Partnerschaft.

0   15

Kopf-Kollision

Um Weibchen zu beeindrucken, stoßen die Männchen amerikanischer Dickhornschafe mit hoher Geschwindigkeit ihre Köpfe zusammen.

50 60 70
40 30 40 80
50
30 90
20 10 100
10 0 mph 110
0 km/h

Geschenke mit Köpfchen

Die Männchen dieser Vogelarten bringen den Weibchen praktische Geschenke – und beweisen so, dass sie ideale Partner wären.

Frischer Fisch

Verrückt nach Nüssen

Liebesnest im Angebot

Küstenseeschwalbe

Rotkardinal

Graukopfvireo

Tierkindergarten

Jungtiere sind besonders gefährdet durch Feinde. Bis die Kleinen alt genug sind, um für sich selbst zu sorgen, kümmern sich auch bei Tieren die Mutter oder manchmal der Vater um die Schützlinge. Sind die Jungtiere dann ausgewachsen und geschlechtsreif, gründen sie eine eigene Familie.

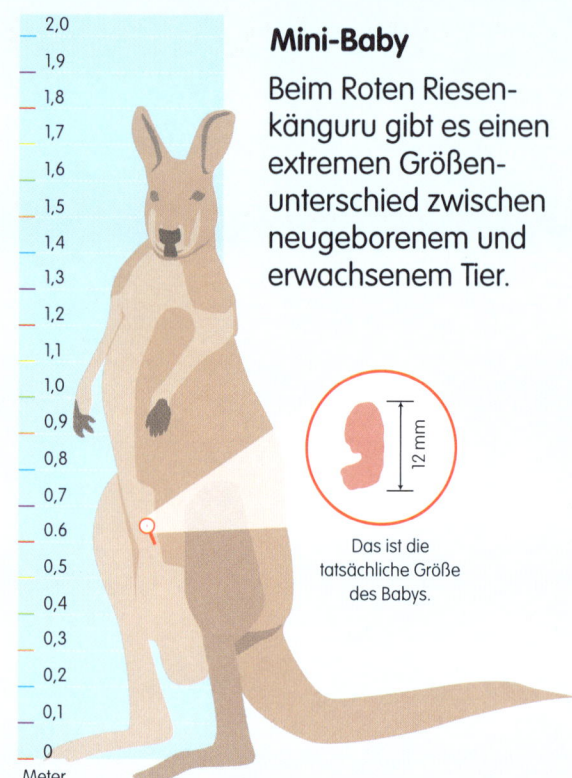

Mini-Baby

Beim Roten Riesen-känguru gibt es einen extremen Größen-unterschied zwischen neugeborenem und erwachsenem Tier.

12 mm

Das ist die tatsächliche Größe des Babys.

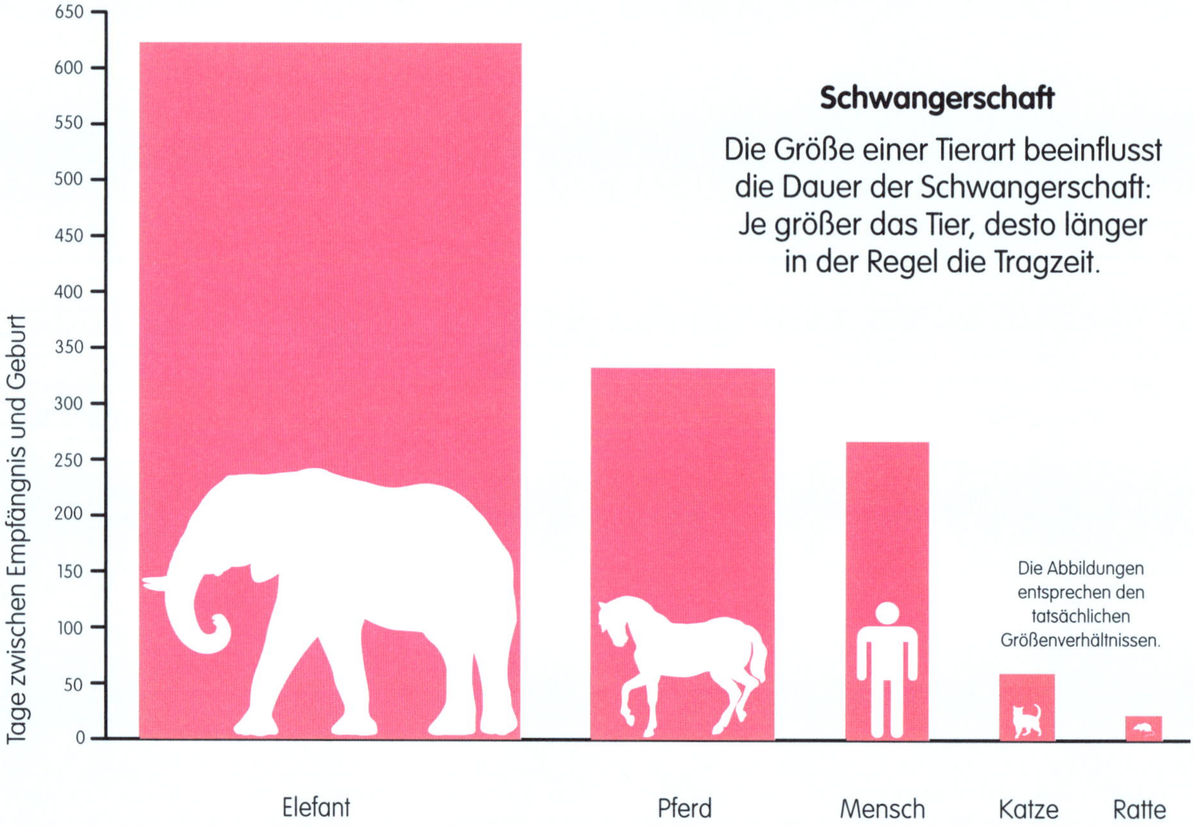

2,0
1,9
1,8
1,7
1,6
1,5
1,4
1,3
1,2
1,1
1,0
0,9
0,8
0,7
0,6
0,5
0,4
0,3
0,2
0,1
0

Meter

Schwangerschaft

Die Größe einer Tierart beeinflusst die Dauer der Schwangerschaft: Je größer das Tier, desto länger in der Regel die Tragzeit.

Die Abbildungen entsprechen den tatsächlichen Größenverhältnissen.

Tage zwischen Empfängnis und Geburt

650
600
550
500
450
400
350
300
250
200
150
100
50
0

Elefant   Pferd   Mensch   Katze   Ratte

In welchem Alter werden Tiere geschlechtsreif?

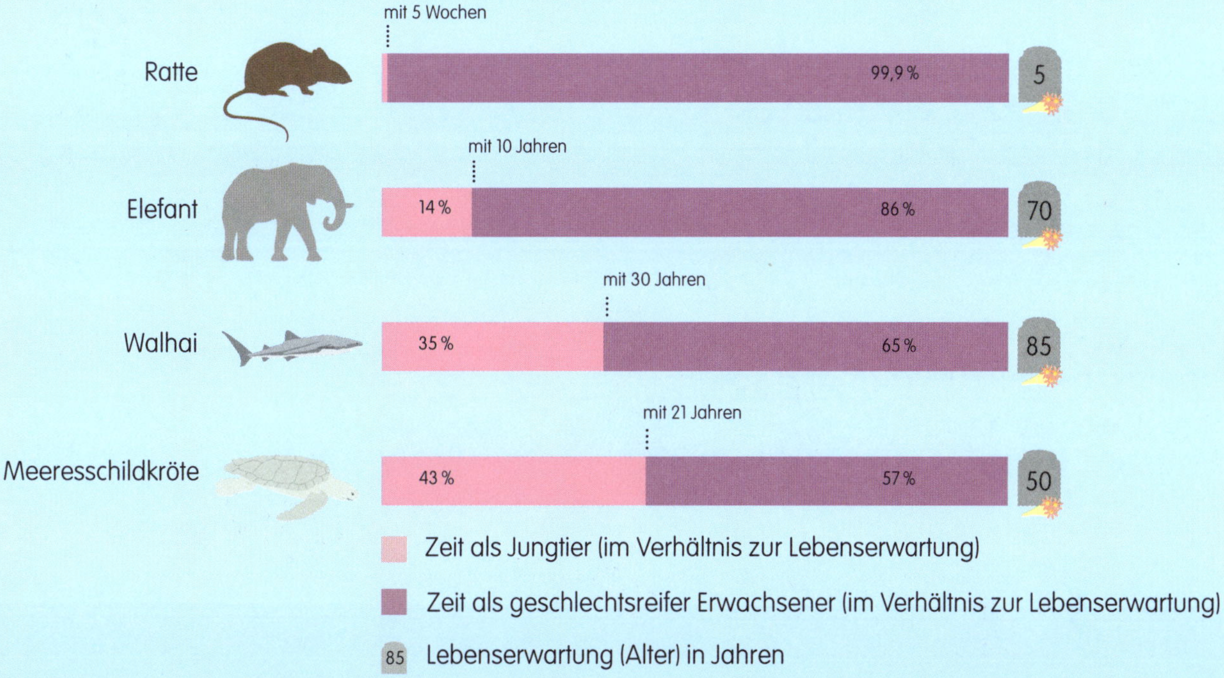

mit 5 Wochen
Ratte
99,9 %
5
mit 10 Jahren
Elefant
14 %
86 %
70
mit 30 Jahren
Walhai
35 %
65 %
85
mit 21 Jahren
Meeresschildkröte
43 %
57 %
50
Zeit als Jungtier (im Verhältnis zur Lebenserwartung)
Zeit als geschlechtsreifer Erwachsener (im Verhältnis zur Lebenserwartung)
85
Lebenserwartung (Alter) in Jahren

Hingebungsvolle Väter

Die Väter dieser Tierarten kümmern sich besonders intensiv um die Jungtiere. Je höher das Podest, auf dem sie stehen, desto mehr Zeit verbringen sie damit, die Jungen zu versorgen.

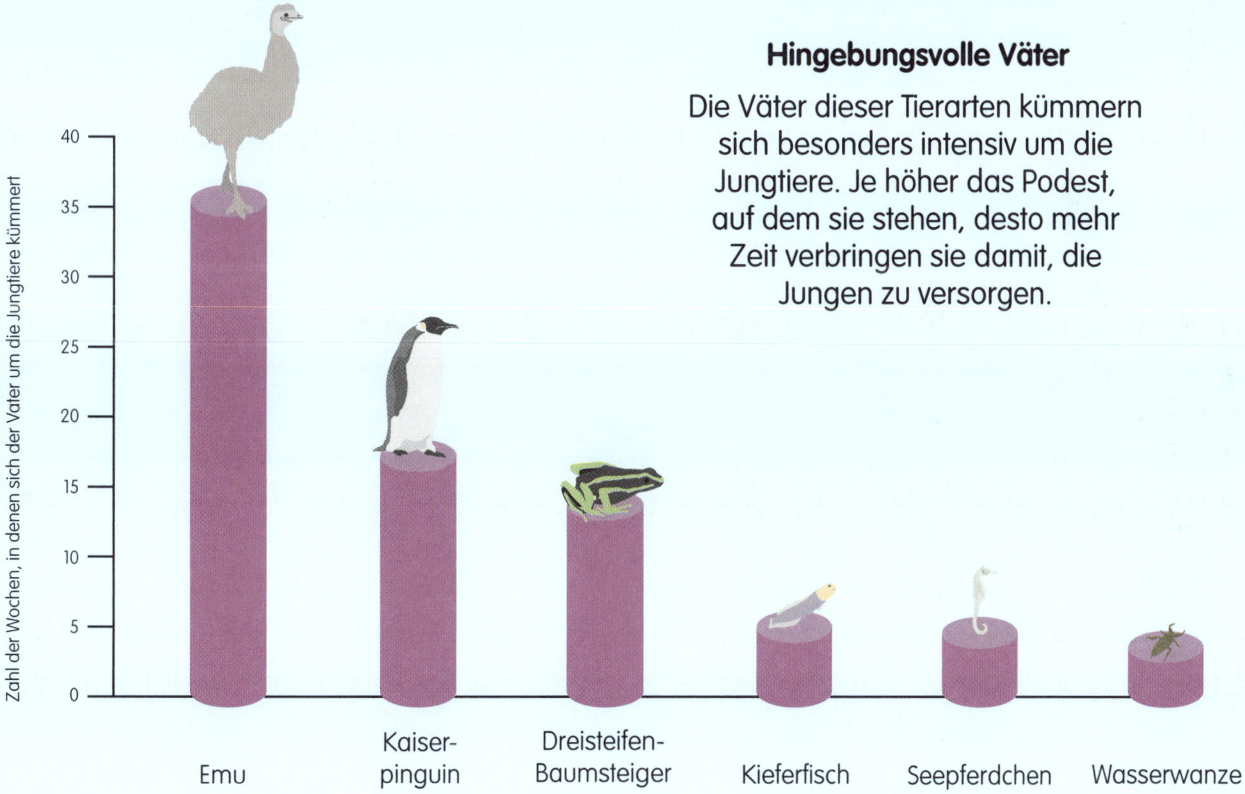

Zahl der Wochen, in denen sich der Vater um die Jungtiere kümmert
40
35
30
25
20
15
10
5
0
Emu
Kaiser-pinguin
Dreisteifen-Baumsteiger
Kieferfisch
Seepferdchen
Wasserwanze

Wie alt werden Tiere?

Eine Galápagos-Schildkröte, die am selben Tag geboren wäre wie du, könnte deine Ururururur-Enkel noch miterleben. Einer der Gründe, warum Reptilien so lange leben, ist, dass sie einen sehr langsamen Stoffwechsel haben. Im Allgemeinen leben sehr aktive Tiere, die schnell viel Energie verbrauchen, kürzer als langsame, weniger aktive Tiere.

Mögliches Lebensalter

0 Jahre — 5 — 10 — 15 — 20 — 25 — 30 — 35 — 40 — 45

Biene, Zahnkärpfling, Anoli (Echsel), Hausmaus, Rennmaus, Tukan, Molch, Kolibri, Känguru, Hase, Taube, Eichhörnchen, Zibetkatze, Seelöwe, Huhn, Ochsenfrosch, Leopard, Wolf, Biber, Delfin, Haushund, Tiger, Kobra, Meeraal, Tigersalamander, Hauskatze, Fledermaus, Tapir, Bison, Hirsch, Löwe, Kröte, Kanadagans, Grizzlybär, Nymphensittich, Schimpanse, Pferd, Nashorn

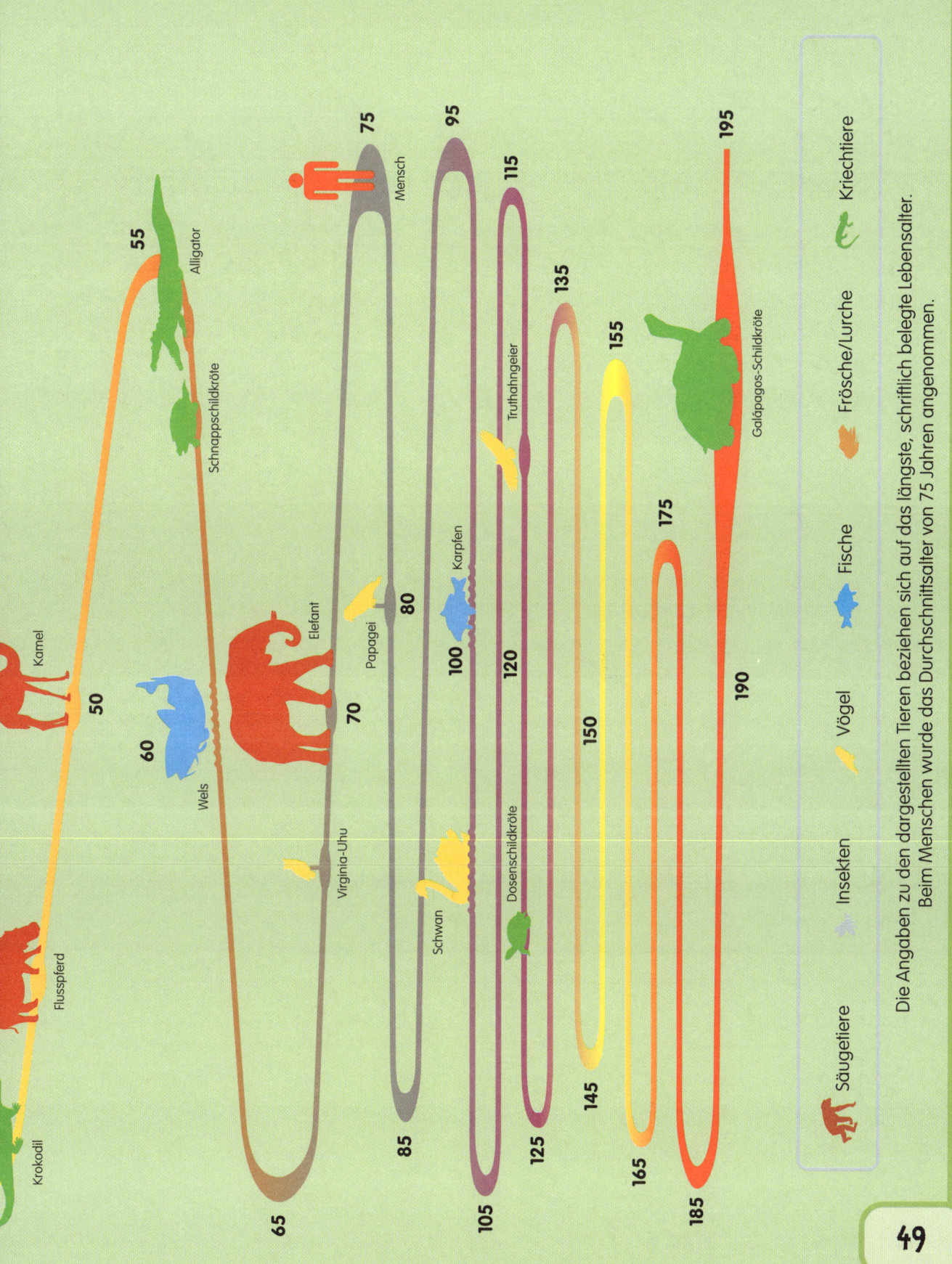

Kamel
50
Flusspferd
Krokodil
60
Wels
55
Alligator
Schnappschildkröte
65
Elefant
70
Virginia-Uhu
75
Mensch
80
Papagei
85
Schwan
100
Karpfen
95
105
Dosenschildkröte
120
115
Truthahngeier
125
135
145
150
155
Galápagos-Schildkröte
165
175
185
190
195

Säugetiere   Insekten   Vögel   Fische   Frösche/Lurche   Kriechtiere

Die Angaben zu den dargestellten Tieren beziehen sich auf das längste, schriftlich belegte Lebensalter.
Beim Menschen wurde das Durchschnittsalter von 75 Jahren angenommen.

49

Wohnen und Bauen

Tiere bauen sich aus verschiedenen Gründen Behausungen: Sie brauchen Unterschlupf vor Regen oder Wind sowie einen vor Räubern geschützten Platz zum Ausruhen und zur Aufzucht ihrer Jungtiere. Während einige Tierarten viel Zeit und Arbeit in den Bau ihrer Behausung investieren, nutzen andere vorhandene Räume wie Felshöhlen oder Baumlöcher.

Viele Fluchtwege

Die unterirdischen Bauten von Erdmännchen haben bis zu 90 verschiedene Ein- und Ausgänge. So können sie an vielen Stellen sofort vor Angreifern in einen Gang flüchten.

45 °C
113 F

65 °C
149 F

Mit Klimaanlage

Auf den selbst gebauten Hügelnestern der in Ostafrika lebenden Flamingos ist die Luft bis zu 20 °C kühler als in Bodennähe.

Stein auf Stein

Eine südamerikanische Wasservogelart baut ihr Erdhügelnest in Seen: Das Blässhuhnpärchen holt dazu Stein für Stein aus der Umgebung, bis das Nest aus dem Wasser ragt.

Lieferung frei Haus
1,4 Tonnen

Termitenturm

Wären Termiten so groß wie Menschen, wäre ihr Bau 1,6 km hoch. Das höchste Gebäude der Welt erreicht gerade eben 800 Meter Höhe.

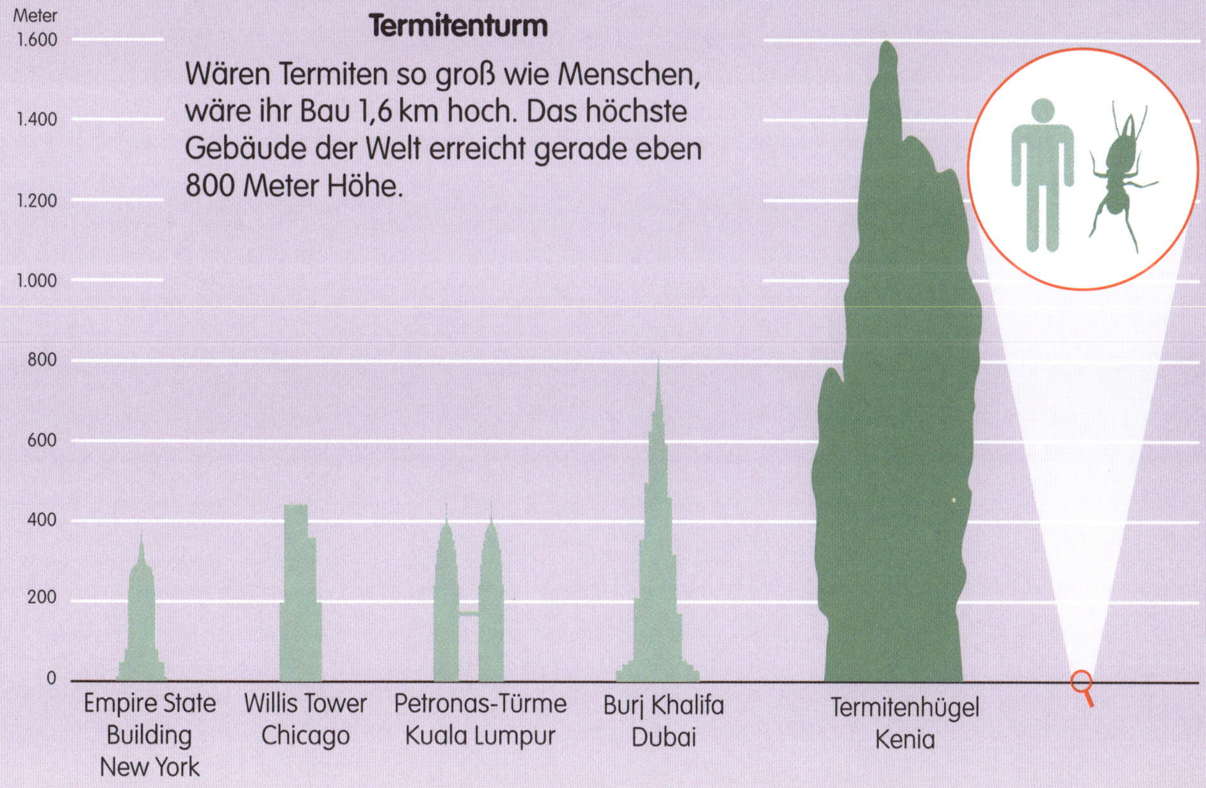

Meter
1.600
1.400
1.200
1.000
800
600
400
200
0

Empire State Building New York

Willis Tower Chicago

Petronas-Türme Kuala Lumpur

Burj Khalifa Dubai

Termitenhügel Kenia

Tiere auf Reisen

Die meisten Tiere der Welt laufen, schwimmen oder fliegen, um Nahrung, Unterschlupf oder ein angenehmeres Klima zu suchen. Das führt sie oft auf schwierige und manchmal gefährliche Reisen, die zum Teil viele Tausend Kilometer lang sind. Einige Arten wandern jedes Jahr zwischen ihrer Sommer- und Winterheimat hin und her.

Gnus unter der Lupe: Sie ziehen in riesigen Herden und haben feste Routen durch die ostafrikanische Savanne.

Reisewege verschiedener Tiere

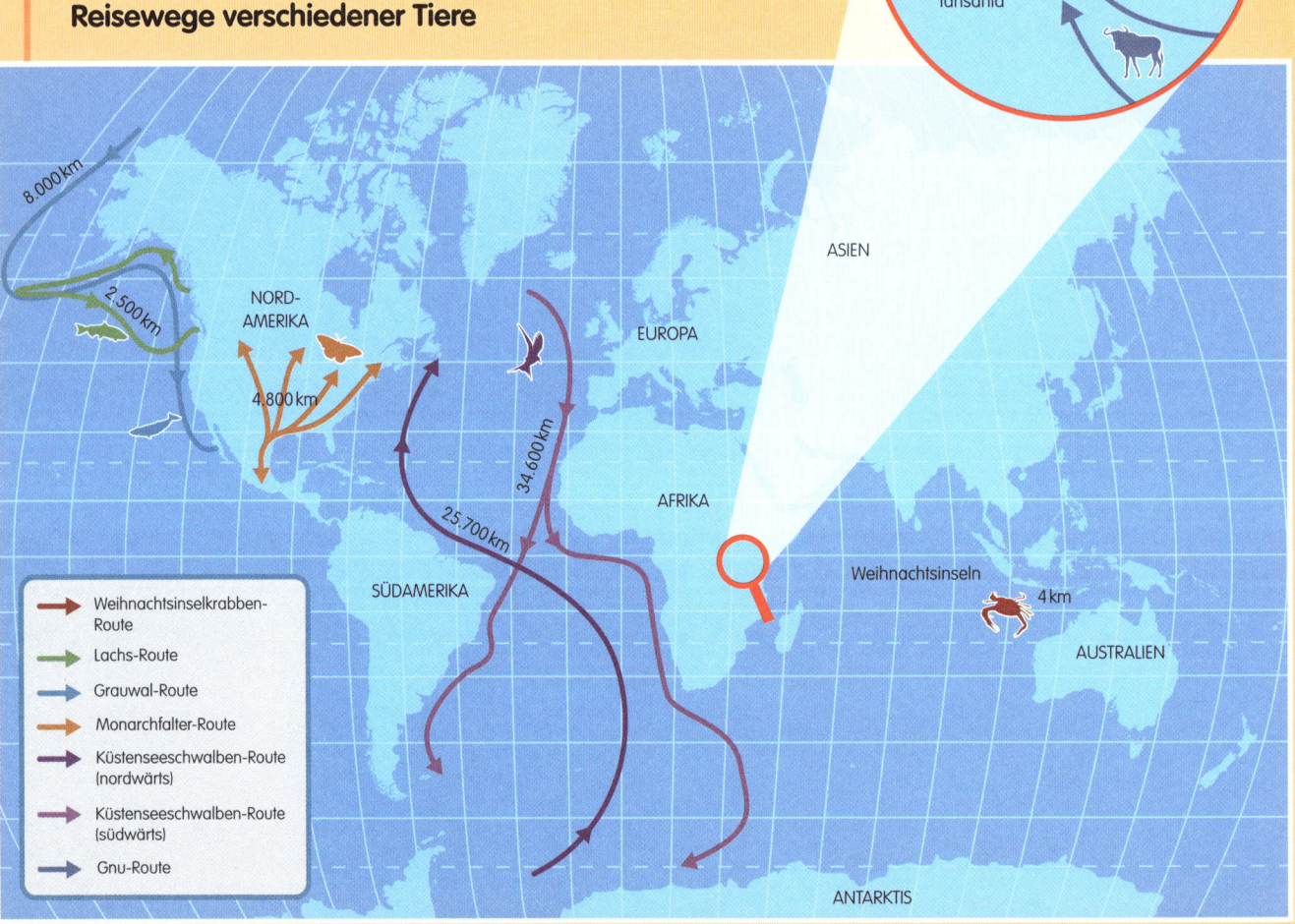

Legende:
- Weihnachtsinselkrabben-Route
- Lachs-Route
- Grauwal-Route
- Monarchfalter-Route
- Küstenseeschwalben-Route (nordwärts)
- Küstenseeschwalben-Route (südwärts)
- Gnu-Route

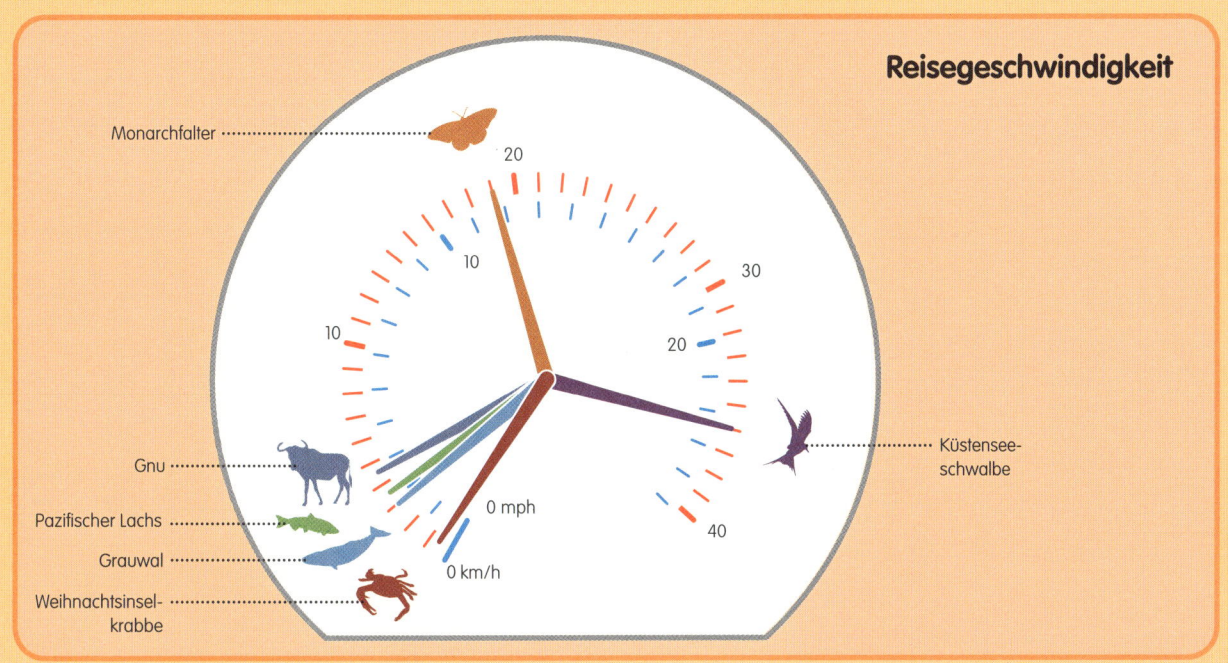

Reisegeschwindigkeit

- Monarchfalter
- 20
- 10
- 10
- 30
- 20
- 0 mph
- 40
- Küstenseeschwalbe
- Gnu
- Pazifischer Lachs
- Grauwal
- Weihnachtsinselkrabbe
- 0 km/h

Ein echter Vielflieger!

Eine Küstenseeschwalbe fliegt in ihrem 30-jährigen Leben mehr als 2 Millionen Kilometer. Das entspricht 3 Mal der Entfernung von der Erde bis zum Mond und zurück.

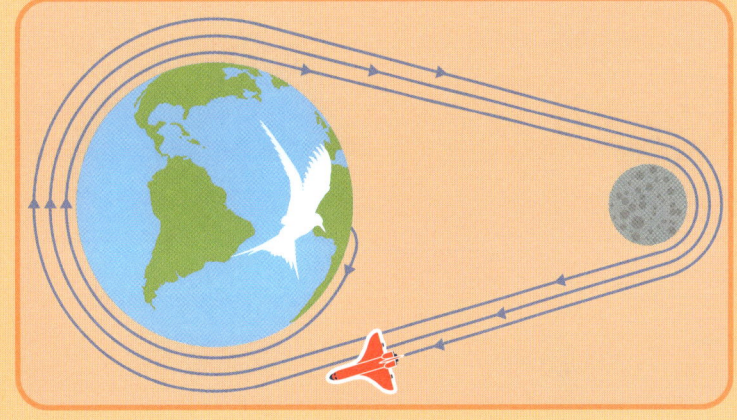

Auf Reisen

Die Zeit, die die Tiere auf der Reise verbringen, ist hier als Gepäck dargestellt. Je höher der Berg, desto länger sind die Reisenden unterwegs.

180 Tage

105 Tage

92 Tage

67 Tage

37 Tage

7 Tage

Weihnachtsinselkrabbe

Monarchfalter

Pazifischer Lachs

Grauwal

Küstenseeschwalbe

Gnu

1 Koffer = 7 Tage   1 Rucksack = 4 Tage   1 Handtasche = 1–2 Tage

Evolution und Anpassung

Die meisten Tiere sind gut an ihren Lebensraum angepasst. Das betrifft sowohl ihren Körper als auch ihr Verhalten. Verändern sich die Bedingungen des Lebensraumes, müssen sich die Tiere daran im Lauf der Zeit anpassen. Diesen Vorgang nennt man Evolution. Die Tierarten, die wir heute kennen, haben sich in Millionen von Jahren entwickelt.

Natürlicher Frostschutz

Der Sibirische Winkelzahnmolch überlebt Temperaturen von -45 °C, indem er das Wasser in seinem Körper durch Frostschutz-Flüssigkeit ersetzt.

Tiere im kalten Hochgebirge

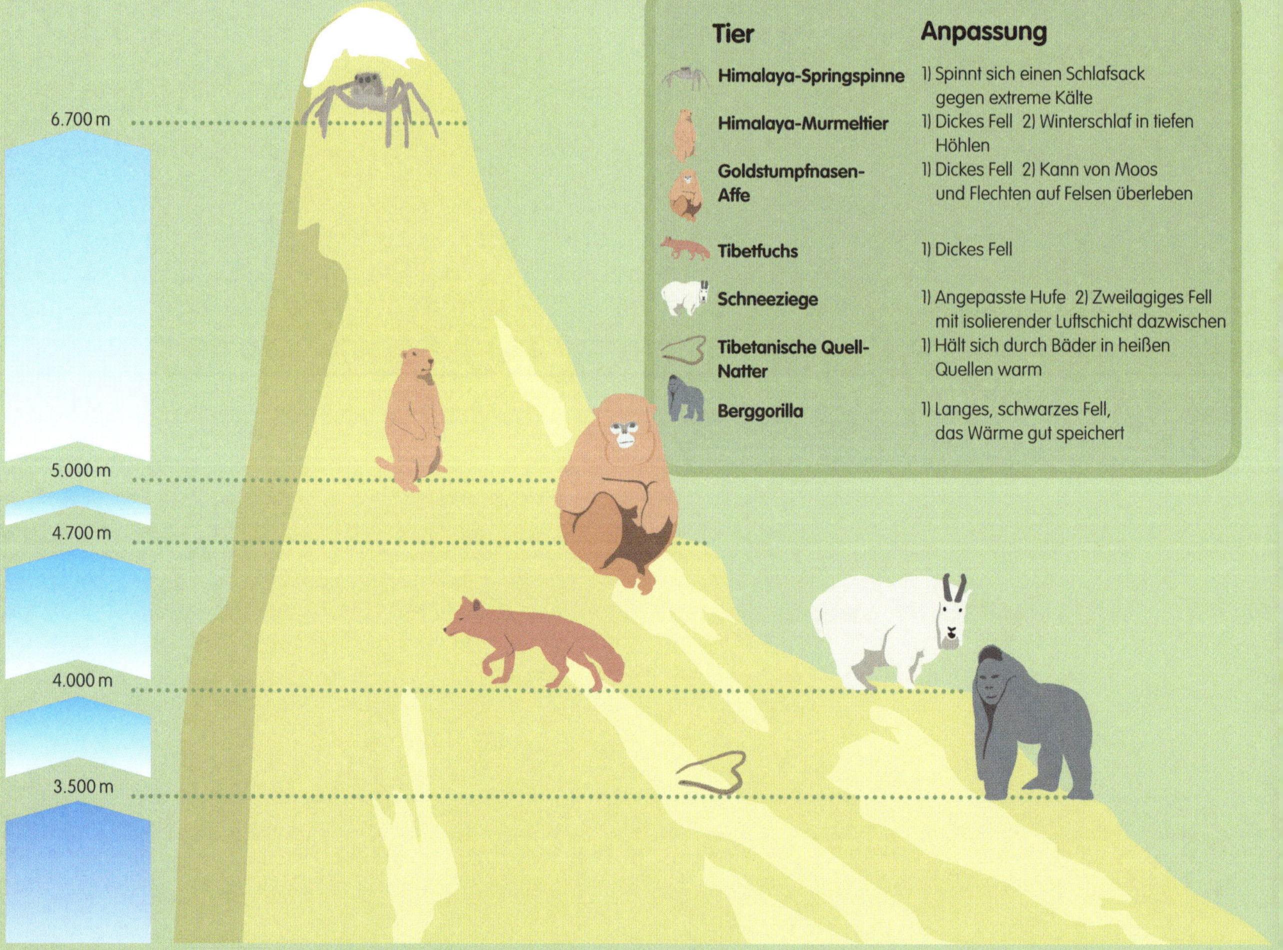

6.700 m

5.000 m

4.700 m

4.000 m

3.500 m

Tier	Anpassung
Himalaya-Springspinne	1) Spinnt sich einen Schlafsack gegen extreme Kälte
Himalaya-Murmeltier	1) Dickes Fell 2) Winterschlaf in tiefen Höhlen
Goldstumpfnasen-Affe	1) Dickes Fell 2) Kann von Moos und Flechten auf Felsen überleben
Tibetfuchs	1) Dickes Fell
Schneeziege	1) Angepasste Hufe 2) Zweilagiges Fell mit isolierender Luftschicht dazwischen
Tibetanische Quell-Natter	1) Hält sich durch Bäder in heißen Quellen warm
Berggorilla	1) Langes, schwarzes Fell, das Wärme gut speichert

Hitzeresistent

Bevor Silberameisen an die Erdoberfläche gehen, stellen sie ihren Stoffwechsel um, sodass sie auch große Hitze überleben.

Hitzewelle
Heute Temperaturen bis zu 53 °C!

Wann tauchten die heute lebenden Tiergruppen das erste Mal auf?

vor 500	400	300	200	100	Millionen Jahre

Wirbellose
- Plattwürmer
- Hohltiere wie Quallen
- Weichtiere wie Muscheln
- Armfüsser
- Rundwürmer
- Insekten
- Krebstiere
- Tausendfüßer
- Spinnen
- Stachelhäuter wie Seesterne

Fische
- Manteltiere wie Seeanemonen
- Kieferlose Fische wie Neunaugen
- Haie
- Knochenfische wie Forellen
- Lungenfische

Frösche und Lurche
- Frösche und Molche

Kriechtiere
- Schildkröten
- Krokodile
- Schnabelköpfe wie Brückenechsen
- Schlangen

Vögel
- Vögel

Säugetiere
- Kloakentiere wie Schnabeltiere
- Beuteltiere wie Kängurus
- Höhere Säugetiere wie Affen

Ausrottung und Artenschutz

In den letzten 500 Jahren hat der Mensch stark dazu beigetragen, dass zahlreiche Tierarten heute ausgestorben sind oder vom Aussterben bedroht sind. Um das zu verhindern, werden inzwischen verschiedene Maßnahmen ergriffen: z. B. Jagdverbote für gefährdete Tierarten, Einrichtung von Naturschutzgebieten und stärkerer Schutz von Regenwäldern.

Stark bedroht
In den unterschiedlichen Tiergruppen sind viele Arten bereits vom Aussterben bedroht.

41 %
der Frösche und Lurche

25 %
der Säugetiere

13 %
der Vögel

5 %
der Kriechtiere

4 %
der Fische

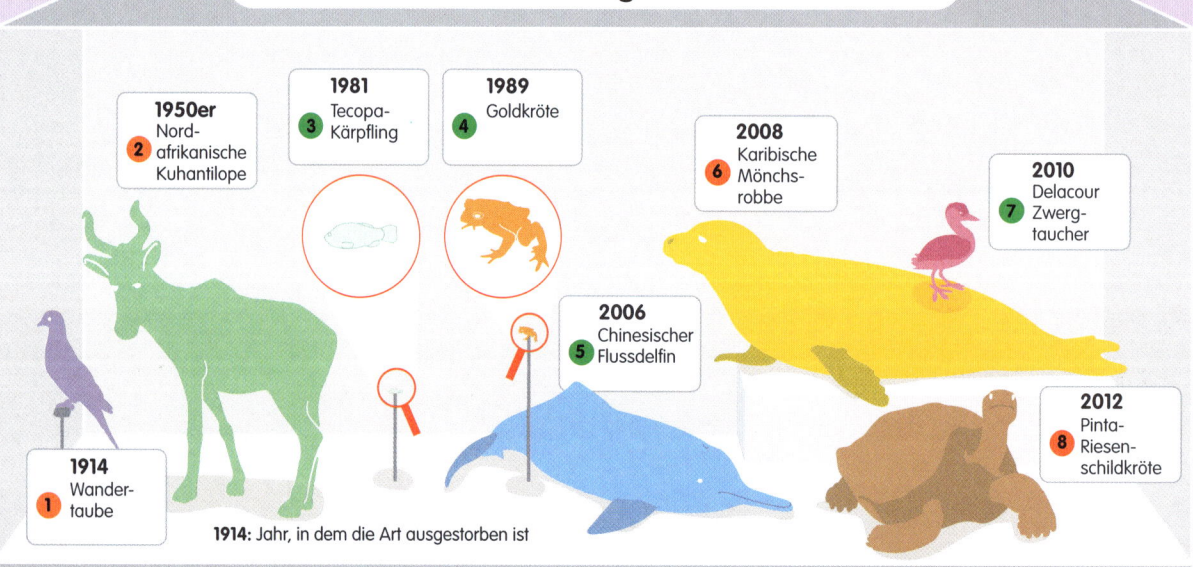

Heute leider ausgestorben …

1950er
② Nordafrikanische Kuhantilope

1981
③ Tecopa-Kärpfling

1989
④ Goldkröte

2008
⑥ Karibische Mönchsrobbe

2010
⑦ Delacour Zwergtaucher

2006
⑤ Chinesischer Flussdelfin

2012
⑧ Pinta-Riesenschildkröte

1914
① Wandertaube

1914: Jahr, in dem die Art ausgestorben ist

Wo haben sie gelebt?

● Gejagt bis zur Ausrottung

● Verlust des Lebensraumes

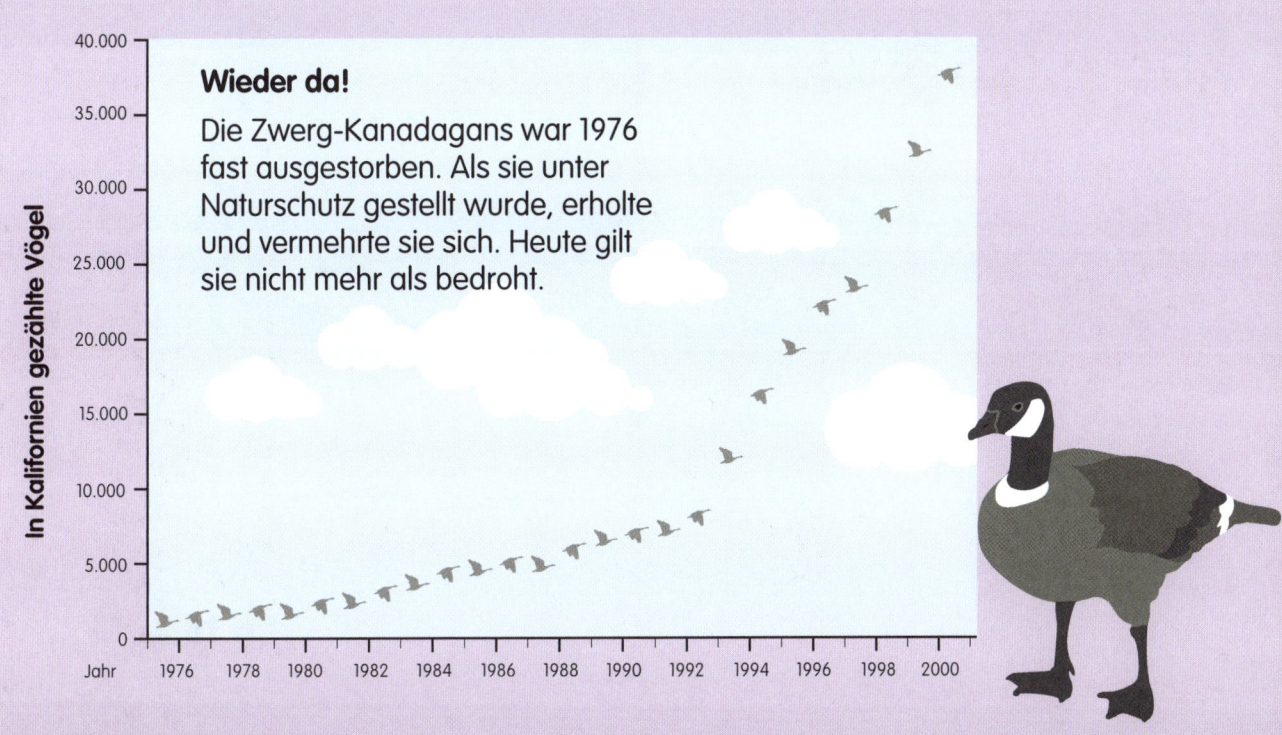

In Kalifornien gezählte Vögel

Wieder da!

Die Zwerg-Kanadagans war 1976 fast ausgestorben. Als sie unter Naturschutz gestellt wurde, erholte und vermehrte sie sich. Heute gilt sie nicht mehr als bedroht.

Jahr: 1976 1978 1980 1982 1984 1986 1988 1990 1992 1994 1996 1998 2000

Schutzraum

Obwohl die Erde zu zwei Dritteln aus Wasser und nur zu einem Drittel aus Land besteht, steht viel mehr Land unter Naturschutz.

Geschützte Meeresbereiche

Geschützte Landbereiche

22.297.050 km²

3.922.518 km²

15 %

1,17 %

Gesamtfläche der Meere
335.258.000 km²

Gesamtfläche der Landmassen
148.647.000 km²

Auf einen Blick

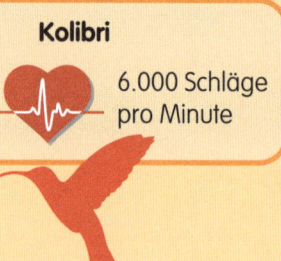

Kolibri
6.000 Schläge pro Minute

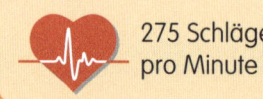

Huhn
275 Schläge pro Minute

Je kleiner das Tier, umso schneller schlägt sein Herz.

Die Herzschlagrate eines Tieres hängt sehr stark von seiner Körpergröße ab.

Zwergspitzmaus
1.300 Schläge pro Minute

Gepard
120 Schläge pro Minute

Tiere und ihre Sprache

Sichtbare Signale 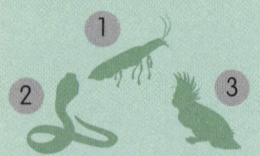	1 Glühwürmchen leuchten, um Partner anzulocken
	2 Kobras spreizen ihre Halsfalten, um Feinde zu verscheuchen
	3 Kakadus heben und senken mehrfach ihre Federhaube, um Partner zu finden, größer zu wirken und Feinde zu verscheuchen
Geräusche 	1 Elefanten verständigen sich mit entfernten Herden durch tiefe, weit schallende Töne, die sie mit dem Rüssel machen
	2 Wölfe heulen, um das Revier ihres Rudels zu kennzeichnen
	3 Männliche Wale singen, wenn sie sich mit den Weibchen verständigen wollen
Berührungen 	1 Schimpansen pflegen und kraulen sich gegenseitig – das stärkt die Beziehung
	2 Hunde lecken ihre Jungtiere – das ist wie Putzen und Knuddeln zugleich
	3 Pferde treten aus, um ihre Stärke und Position in der Herde zu zeigen
Chemische Signale 	1 Ameisen hinterlassen chemische Spuren, damit die folgenden den Weg finden
	2 Braunbären markieren Bäume, um anderen zu zeigen, dass sie da waren
	3 Stinktiere warnen Raubtiere durch furchtbaren Gestank

Giraffe
65 Schläge pro Minute

Elefant
30 Schläge pro Minute

Blauwal
7 Schläge pro Minute

Tiere und ihre Spuren

Tier	Form	Fußspur	Fährte
Wiesel			
Truthahn			
Fuchs			
Tiger			
Hund			
Hirsch			
Krähe			

Gut zu wissen

Amphibien (Frösche und Lurche)
Die älteste Klasse der Landwirbeltiere. Viele Arten werden im Wasser geboren und bleiben eine Zeit lang dort. Nach einer körperlichen Verwandlung wie z. B. bei Kaulquappe zu Frosch gehen Amphibien zum Leben an Land über.

Anpassung
Verändern sich die Lebensbedingungen, muss sich Körper oder Verhalten einer Art im Laufe der Zeit daran anpassen, also verändern.

Art
Eine Gruppe von Tieren, die genau die gleichen Merkmale hat, die sich paaren und Nachwuchs zeugen kann.

Außenskelett
Harte Schale oder Panzer, der den Körper schützt und aufrecht hält.

Aussterben
Ausgestorbene Tierarten sind solche, von denen es auf der Erde kein einziges Exemplar mehr gibt.

Balz
Häufig besonderes Aussehen und Verhalten, um einen Partner zu finden.

Beute
Tiere, die von Raubtieren gejagt werden.

Beuteltier
Tierarten, bei denen sich die Babys nach der Geburt in einem Beutel der Mutter weiterentwickeln (z. B. Kängurus).

Evolution
Entwicklungsschritt, bei den sich Tiere über Jahrmillionen hinweg an veränderte Bedingungen anpassen. Dabei verändern und entwickeln sie sich stark – bis sogar völlig neue Arten entstehen.

Gift
Manche Tiere lähmen ihre Beute durch Gift, andere nutzen es zur Verteidigung. Die wirksamsten Gifte im Tierreich sind u. a. das der Seewespe (eine Qualle), der Krustenanemone oder des Pfeilgiftfrosches. Wie stark ein Gift wirkt, hängt immer von der Menge ab, die das Opfer abbekommen hat.

Gliedertiere oder Gliederfüßer
Wirbellose Tiere mit gegliederten Beinen, einem mehrteiligen Körper und einer harten äußeren Schutzhülle um den Körper, dem Außenskelett, wie z. B. bei Krebsen.

Häutung
Tiere, bei denen die Haut nicht mitwächst, müssen diese komplett abstreifen. Darunter liegt, meist noch etwas faltig, die neue, größere Haut. Insekten und Spinnentiere müssen sich zum Beispiel häuten.

Insekten
Die wirbellosen Tiere haben immer sechs Beine und einen dreiteiligen Körper: Kopf, Brust, Hinterleib. Sie gehören zu den Gliedertieren und haben meist zwei oder vier Flügel.

Knorpel
Robustes und flexibles Gewebe zugleich, das alle Wirbeltiere haben. Das Skelett von Haien und Rochen besteht vollständig daraus.

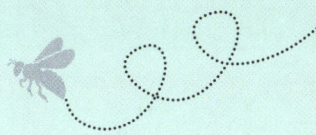

Krebstiere
Mit Scheren ausgestattete Küsten- oder Meeresbewohner, die zu den Gliedertieren gehören.

Lebenserwartung
Durchschnittliche Spanne zwischen Geburt oder Schlüpfen und Tod eines Tieres.

Paarung
Männchen und Weibchen einer Art haben Sex, um Jungtiere zu zeugen.

Parasit
Ein Lebewesen, das auf oder im Körper eines anderen lebt, sich dadurch ernährt und dem Wirt schadet.

Pheromone
Duftstoffe, die manche Tierarten zur Partnersuche absondern und die eine große Anziehungskraft ausüben.

Raubtier
Ein Tier, das sich ernährt, indem es andere Tiere jagt und frisst.

Regeneration
Erholung, Neubildung von verletzten Körperteilen mancher Tierarten, z. B. bei Eidechsen.

Schuppen
Harte, sich überlappende Hornplättchen auf der Körperoberfläche von Fischen und Kriechtieren.

Spinnentiere
Spinnen haben immer acht Beine und gehören zum Stamm der Wirbellosen.

Stromlinienförmig
Eine Form, die besonders gut für das Schwimmen und Fliegen geeignet ist, weil sie wenig Widerstand erzeugt. Fische sind beispielsweise so geformt.

Tragzeit
Die Zeit von der Befruchtung bis zur Geburt eines Tieres (Schwangerschaft).

Überwinterung
Um den Winter zu überstehen, versuchen viele Tiere, weniger Energie zu verbrauchen. Sie sind weniger aktiv, ruhen oder schlafen lange Zeit. Vorher haben sie sich ein Fettpolster angefressen.

Winterruhe oder Winterstarre
Zustand, in dem das Tier sich lange Zeit nicht bewegt, um Energie zu sparen und kein Futter suchen zu müssen.

Wirbellose
Tiere ohne Wirbelsäule, dazu gehören 95 % aller Tierarten.

Wirbeltier
Tiere mit Wirbelsäule. Wirbeltiere lassen sich in fünf Gruppen, die sogenannten Klassen aufteilen: Säugetiere, Vögel, Fische, Kriechtiere und Amphibien.

Register

A

Aal 25, 38, 48
Adler 38
Affe 10, 54
Alligator 17, 49
Ameise 55, 58
Amphibien 18–19
Anpassungen 54–55, 60
Albatros 15
Spinnentiere 30
Atmung 18, 20
Augen 27, 34
Aussterben 56, 60

B

Bär 10, 39, 48, 58
Bärtierchen 31
Beuteltier 55
Biene 36, 48
Blindwühle 19
Blutsauger 28, 30

CD

Chamäleon 36
Delfin 37, 48
Dickhornschaf 45

E

Eier 10, 14–17, 18, 20
Elefant 10, 13, 37, 46–47,
 49, 58–59
Elektrizität 35, 38
Emu 47
Ente 14
Erdmännchen 50
Evolution 54, 60

F

Fell 10–11, 54
Fisch 9, 20–25, 32–33,
 45, 47, 49, 55, 56
Flamingo 50
Fledermaus 10, 12, 35, 48
Fleischfresser 8, 28–29,
 38–39
Fliegen 14, 32
Flügel 14–15, 27
Frosch 18–19
Fuchs 8, 54, 59

G

Gepard 32, 39, 58
Geruch 35, 37, 41
Giraffe 12, 59
Gleiten 15, 33
Gleithörnchen 33
Gliederfüßler 26
Gnu 52–53
Gorilla 54

H

Haare 10–11
Hai 20–21, 24, 34, 35,
 39, 47, 55
Hausstaubmilbe 30
Heuschrecke 42
Hirsch 59
Hund 8, 10, 32, 36,
 38–39, 48, 58–59
Hyäne 42

IJ

Insekten 26–27, 49,
 55, 60
Jagd 13, 24, 38–39
Junge 10–11, 16, 18–19,
 46–47

K

Kamel 11, 13, 49
Känguru 8, 10, 46, 48
Katze 8, 10, 43, 46, 48
Knochen 16, 20
Knorpel 20, 60
Koala 12
Kolibri 14, 48, 58
Körpersprache 36
Körpertemperatur 10, 12,
 16, 18, 54–55
Krabbe 28, 52–53
Klaue 39
Krebs 26, 55, 60
Krokodil 8, 16–17, 39, 43,
 49, 55
Kuh 12–13
Küstenseeschwalbe 52–53

L

Lachs 52–53
Landschildkröte 17, 48–49
Leguan 40
Löwe 10, 13, 39, 42, 48

MN
Maus 10, 12, 29, 48
Meeresschildkröte 17, 47, 48–49, 55
Meerschweinchen 11
Mensch 10, 12–13, 15, 32, 37, 43, 46, 49
Milch 10–11
Monarchschmetterling 52–53
Moschusochse 11
Murmeltier 12, 54
Nahrung 11, 12–13, 24, 28
Naturschutz 56–57
Nest 50–51

OP
Opossum 40
Paarung 18, 44–45, 61
Parasiten 28, 61
Pferd 46, 48, 58
Pheromone 61
Pinguin 14–15, 47

QR
Quastenflosser 20
Ratte 10, 46–47
Raubtier 61
Reptilien 16–17, 48
Robbe 10–11, 12

ST
Salamander 19, 48
Säugetier 8–9, 10–13, 49, 55, 56
Schildkröte 17
Schimpanse 12, 38, 48, 58
Schlaf 12–13
Schlange 16–17, 42–43
Schlangengift 42
Schnabeltier 10
Schneeziege 54
Schuppen 21, 61
Schwein 13
Schwimmen 22–23
Seeotter 11
Siamang-Gibbon 44
Skorpion 29, 43
Spinne 27, 29, 44, 54
Spinnennetz 29
Spitzmaus 10, 13, 58
Stinktier 41, 58
Strauß 14–15, 32
Tauchen 15
Termiten 51
Tiger 59
Tintenfisch 24, 26

UVW
Überleben 32, 40–43
Verteidigung 40–41
Vögel 9, 14–15, 43, 45, 49, 55, 56–57
Wal 10, 13, 52–53, 58–59
Wanderfalke 32
Winterschlaf 12
Wirbellose Lebewesen 9, 26–29, 55, 61
Wirbeltier 9, 61
Wolf 8, 48, 58
Wurm 26, 28, 55

XYZ
Zähne 39
Zecke 30

Noch mehr erstaunliche Fakten und verrückte Infografiken gibt's hier:

9 Autos oder was deine Knochen tragen können –
Erstaunliche Fakten: Mensch
64 Seiten
ca. € 8,99 (D)
€ 9,30 (A) / CHF 13,50
ISBN: 978-3-440-13594-5

Wie viele Gedanken denkt unser Gehirn an einem Tag? Wie schnell wandert ein rotes Blutkörperchen einmal durch den Körper? Oder wie weit kommt man mit der Energie aus einer Tafel Schokolade? Reinlesen und staunen – das Wunderwerk Mensch wird kurz und verständlich erklärt und mit einzigartigen Infografiken dargestellt. Witzige und skurrile Fakten runden dieses Buch zu einem echten Wissenschatz ab.